梅兰芳珍藏老相册 之二

梅蘭芳

表演艺术大师

秦华生 刘 祯 主编

知识产权出版社
全国百佳图书出版单位

图书在版编目（CIP）数据

表演艺术大师——梅兰芳：梅兰芳珍藏老相册 / 秦华生，刘祯主编．—北京：知识产权出版社，2016. 1

ISBN 978-7-5130-4028-0

Ⅰ.①表… Ⅱ.①秦… Ⅲ.①梅兰芳（1894~1961）—生平事迹—画册 Ⅳ.①K825.78-64

中国版本图书馆CIP数据核字（2016）第017805号

内容提要

梅兰芳作为戏剧表演艺术大师，他的姿势优美是举世闻名的，而且所有动作都能丝毫不差地与急缓疾徐的音乐腔调合拍。在每出戏中，梅兰芳都遵循规矩，并根据对剧情的体会，准确地运用各种身段技巧表现剧中人物的思想情感。他的动作或刚健，或婀娜，或方正，或圆和，文不温，武不躁，静中寓动，动中寓静，处处以美术化的表现手法将剧中人物活生生地展现在观众面前。本书精选梅兰芳生前珍藏的老照片，形象地展示了梅兰芳在传统京剧、昆曲剧目和自己创编及改编剧目中精湛的表演艺术水平，并汇集了梅兰芳表演身段和手势的照片，可供读者和京剧爱好者欣赏和学习。

责任编辑：龙　文　　**责任出版：**刘译文

图片提供：梅兰芳纪念馆　　**封面设计：**品　序

表演艺术大师——梅兰芳

Biaoyanyishudashi——Mei Lanfang

秦华生　刘祯　主编

出版发行：知识产权出版社有限责任公司　　**网　址：**http://www.ipph.cn

社　址：北京市海淀区马甸南村1号（邮编：100088）　　**天猫旗舰店：**http://zscqcbs.tmall.com

责编电话：010-82000860 转 8123　　**责编邮箱：**longwen@cnipr.com

发行电话：010-82000860 转 8101/8102　　**发行传真：**010-82000893/82005070/82000270

印　刷：北京科信印刷有限公司　　**经　销：**各大网上书店、新华书店及相关专业书店

开　本：720mm×1000mm　1/16　　**印　张：**19.5

版　次：2016年1月第1版　　**印　次：**2016年1月第1次印刷

字　数：300千字　　**定　价：**98.00元

ISBN 978-7-5130-4028-0

目　录

梅兰芳艺术特色与表演体系

秦华生

梅兰芳大师一生从事京昆表演艺术，努力继承，大胆探索，善于革新，从所装扮的人物个性出发，运用唱念做舞的艺术表现手段，把众多的古装戏和时装戏中女性形象刻画得细致入微，生动传神，为中国戏曲人物画廊增添了一系列光彩照人的女性形象。他精彩的表演，迷人的风韵，独特的韵味，构成杰出的梅派艺术，成为中国戏曲艺术宝库中一颗晶莹璀璨的明珠，熠熠闪耀。

梅兰芳在民国年间四次出国演出，中方与外方通过总结、对比，发现了梅氏为代表的中国演剧体系的独特性，纷纷发表了理性思考与概括总结，逐渐确立了"梅兰芳表演体系"的表述。

1919 年，梅兰芳首次访日，日方出版《品梅记》，对梅兰芳表演体系有初步确认。当时国内《春柳》杂志刊载《梅兰芳到日本之影响》云："甲午之后，日本人心目中，未尝知有中国文明，每每发为言论，亦多轻辱之词……今番兰芳等前去，以演剧而为指导，现身说法，俾知中国文明于万一。"

1924 年，梅兰芳第二次访日，日文《演出说明书》及日方报道评论进一步阐述梅兰芳表演体系。日本评论家南部修太郎赞赏梅兰芳在《黛玉葬花》中的表演："这不是一般中国戏曲常用的那种夸张的线条和形态表现出来的神情，而是十分细腻，属于写实的并且是心理的或精神的技艺。"

1930 年，梅兰芳访美，先后到达了美国许多城市，如纽约、华盛顿、芝加哥、西雅图、旧金山、洛杉矶、檀香山、圣地亚哥等，历时半年。引发了美国艺术界及理论界的极大关注，产生了一系列理论成果。《纽约时报》发表阿特金森的文章评论："他的哑剧表演自始至终柔软温和，姿态具有雕塑美。他以轻灵起伏的韵律上场，并在正式演出中，虽有许多调整，也始终保持着这种韵律。他有双精巧的手，对于理解他的动作姿态的人而言，这双手有着同样的艺术表现力……"约翰·马森·布朗在《纽约晚间邮报》发表文章论述：梅兰芳的"身段姿态与他们的语言一样，形成了一种复杂的拥有自己语法结构的独立语言。它的表达法几乎是无限的"。斯达克·杨在《梅兰芳》一书中写道："这种中国戏剧的纯洁性在于它所运用的一切手段动作，面部表情，声音，速度，道白，故事，场所等，绝对服从于艺术性目的，所以结出来的果实本身便是一个完全合乎理想的统一体，一种艺术品，绝不会让人错当做现实……梅兰芳的戏剧是一种具有真正原则性的学派。”

1935 年，梅兰芳访苏期间，苏方为此专门组织艺术家、理论家召开了座谈会，就梅兰芳的表演提出自己的真知灼见。丹钦科说：“中国艺术的一种完美的、在精确性和鲜明性方面无与伦比的形式体现了自己民族的艺术。”梅耶荷德说：“梅兰芳博士提醒我们的，那就是手的表演。我没有在舞台上看见过任何一个女演员，能像梅兰芳那样传神地表演出女性的特点……我们还有很多人谈到演出的节奏结构。但是，谁要是看过梅兰芳表演，就会为这位天才的舞台大师的表演节奏的巨大力量所折服。”爱森斯坦在发言中说：“我愿意把中国戏剧艺术比作鼎盛时期的希腊艺术……中国戏剧所具有的那种生气和有机性使它与其他戏剧那种机械化的、数学式的成分完全不同……我们一直尊重莎士比亚时代，那时演出常用假定性的方法……我们在梅兰芳的戏剧中也看到这一点。”斯坦尼斯拉夫斯基说，中国戏曲表演的法则是“有规则的自由动作”，并称赞京剧和梅兰芳的表演“有充满诗意的、样式化了的现实主义”。

在这次研讨会上，张彭春代表梅兰芳发言，提出了“中国戏剧之三要点”：

第一点，西方戏剧与中国戏剧的隔阂是可以打破的。

第二点，中国戏剧的一切动作和音乐等，完全是姿势化。所谓姿势化，就是一切的动作和音乐等都有固定的方式。例如动作有动作的方式，音乐有音乐的方式，这种种方式，可作为艺术上的字母，将各种不同的字母拼凑一起，就可成为一出戏。……但是中国戏的演员们，都不被这种字母所束缚，他依旧可以发挥他在艺术上的天才与创造。

第三点，中国（戏）未来之趋势，我认为必须现代化，并不一定是戏剧、本事的现代化，是要使剧中的心情和伦理成为现代化，其他如背景与灯光也可使其成为姿势化，使其有固定的方式来表现剧中各个的情绪，这是中国戏剧今后可试验的途径。

尤其是苏联著名作曲家和音乐教育家格涅欣首先明确提出“梅兰芳表演体系”：“我觉得，如果把梅兰芳博士的中国戏剧的表演体系说成是象征主义的体系，那是最正确的。‘程式化’这个词远不能表现出它的性质。因为程式性也许可能更易被接受，但它却不能表达情绪。而象征是体现一定内容的，它也能表达情绪。”

梅兰芳访苏游欧归国之后认为：“中国旧剧有其固有之精彩与好处，不能加以丝毫改变。余年前赴欧洲各国及苏俄，观剧多次，西洋戏有西洋戏之妙处，但与中国旧剧，不能合二为一，此敢断言者。至中国旧剧，原则是不利用布景，若利用布景，反减去剧中之精彩，譬如旧剧中之登楼，系作一种姿势，即可完全表示登楼之状，且甚美观，若依布景言，则剧中布景楼梯，演者一步步上楼，非仅有着衣不合宜，且不好看，转失剧中精彩。不过旧剧应改革者，舞台应改革。关于光学、声学之请求，以及戏园之清洁，悉应加以注意。”

布莱希特1936年撰写《论中国戏剧与间离效果》论文，其中提出：自己多年来朦胧追求而尚未达到的，在梅兰芳已经发展到极高的艺术境界。

黄佐临《漫谈“戏剧观”》（《人民日报》1962年4月25日）文中曰：“梅、斯、布三者的区别究竟何在？简单扼要地说，他们最根本的区别是：斯坦尼斯拉夫斯基相信第四堵墙，布莱希特要推翻这第四堵墙，而对于梅兰芳，这堵墙根本不存在，用不着推翻；因为我国戏曲传统从来就是‘程式化’的，不主张在观众面前造成生活幻觉。”黄佐临《梅兰芳、斯坦尼斯拉夫斯基和布莱希特戏剧观比较》（《人民日报》1981年8月12日）文中又提出：“梅兰芳是中国传统戏剧最具代表性最成熟的代表”，进而论述：“我国的戏曲传统有着下列四大特征：流畅性；伸缩性；雕塑性；规范性（通常称‘程式化’）”，并称之为“四种外部特征”，又提出“四种内在特征”：“1. 生活写意性。2. 动作写意性。3. 语言性。4. 舞美写意性……梅兰芳正是我国这种戏剧风格的大师”。

《戏剧艺术》1982年第1期刊载了孙惠柱《三大戏剧体系审美理想新探》，文中提出了“梅兰芳戏剧体系”，并与“斯氏、布氏表演体系”相提并论，称之为全球“三大戏剧体系”。尽管孙惠柱此文是受到黄佐临《梅兰芳、斯坦尼斯拉夫斯基和布莱希特戏剧观比较》一文的启迪而作，但由此引发了持续十几年的有关世界戏剧“三大戏剧体系”的学术论争。笔者无意在此评论“三大戏剧体系”是否成立和各家论争的论点论据及优劣，只是认定这场论争颇有学术意义。

叶秀山为梅兰芳诞辰一百周年研讨会（1994年）提交论文《论京剧艺术的古典精神》，也提出“梅兰芳表演体系”。他认为：“西方的戏剧表演或注重‘体验’（斯坦尼斯拉夫斯基），或注重‘表现’（布莱希特），而以梅兰芳为代表的中国戏剧表演体系则无此分化，它是将‘体验’和‘表现’结合起来，所以当斯坦尼斯拉夫斯基和布莱希特两位大师分别看了梅兰芳的演出后，不约而同地都引为知己。”

综上所述，从全球范围内20世纪以来“戏剧体系”（有时或称“表演体系”“演剧体系”）这一理论去看梅兰芳的表演艺术，可以体会出他的体系的精髓所在。梅兰芳表演体系善于发挥演员的表演技巧，掌握所演角色与观众的观演关系，用精湛的表演，沟通过去、现在与未来，并让观众领会和感知。梅兰芳表演体系不仅仅要求演员在舞台表现自我，也不是完全把自己幻化为角色本身，而是通过舞台表演的各种手法表现人物性格，努力追求“气韵生动”和“神似”，为舞台形象与审美意象而造象，从形象与意象的传神到通神，运用各种艺术手段去传达人物各种复杂情感，进而表现各个人物的独特个性，以此反映对真、善、美的追求与主观评价，确实具有鲜明独到之处，故而成为独树一帜的中国戏曲表演体系的卓越代表，受到中外特殊关注。然而，如何进一步研究与阐释，仍需深入。

第一部分 梅兰芳演出传统京剧剧目

梅兰芳演出的传统京剧，大部分是正工青衣戏，均为早年演出。有些剧目中他担任配角。个别剧目在中期仍有演出。有些剧目还在国外演出过。

《战蒲关》（又名《忠义节》）中饰徐艳贞

《桑园会》中饰罗敷

《龙凤呈祥》（又名《美人计》）中饰孙尚香

《截江夺斗》（又名《子龙救主》《赵云追舟》）中饰孙尚香

《红鬃烈马》（《彩楼配》《武家坡》《大登殿》）中饰王宝钏

《三娘教子》（又名《王春娥》《双官诰》）中饰王春娥

《四郎探母》中饰铁镜公主

《玉堂春》（《女起解》）中饰苏三

《御碑亭》中饰孟月华

《打渔杀家》（又名《庆顶珠》）中饰萧桂英

《游龙戏凤》（又名《梅龙镇》）中饰李凤姐

《审头刺汤》（又名《一捧雪》）中饰雪艳

《穆柯寨》《枪挑穆天王》中饰穆桂英

《宝莲灯》（又名《二堂舍子》）中饰王桂英

《五花洞》《四五花洞》《六五花洞》中饰潘金莲

《樊江关》（又名《姑嫂英雄》）中饰薛金莲

《头本虹霓关》中饰东方氏

《二本虹霓关》中饰丫环

《混元盒》（《金针刺红蟒》）中饰红蟒

《汾河湾》中饰柳迎春

《春灯谜》中饰韦影娘

《辕门射戟》中饰吕布

《八蜡庙》中饰褚彪

《黄鹤楼》中饰周瑜

《挑滑车》中饰高宠

《战蒲关》（又名《忠义节》），梅兰芳饰徐艳贞

剧情简介:

汉将王霸守蒲关，连战不利，为贼将胡英所困，粮尽援绝，城内人民相食。王霸恐军中变乱，拟杀其爱妾徐艳贞，以人肉犒劳军民。乃自带剑掩入后院。不意徐艳贞正在园中焚香祷祝，愿大兵早到，退贼救主。王霸闻之，不忍下手而出。未几，忽报部下兵丁，因乏食将哗变。王霸筹思无计，焦急万分，不得已乃解佩剑付仆刘忠，令向二主母借粮。刘忠携剑入。徐艳贞见之，惊诘其故。刘忠已涕不可抑，惟云老爷要向二主母借粮。徐艳贞猛然省悟，遂夺剑自刎。刘忠亦随之死。王霸乃将二尸烹煮犒军，于是军心愈益感奋，忍饿死守，遂得援师解围。

《虮蜡关》，梅兰芳饰徐艳贞

《战浦关》，梅兰芳饰徐艳贞（左右页）

《桑园会》，梅兰芳饰罗敷

剧情简介：

考此剧即《列女传·秋胡妇》故事。鲁秋胡子，纳妻五日而宦于陈，后归，未至家，见路旁一美妇采桑，悦之，下车谓曰：力田不如逢年，采桑不如见郎，吾有金一蹄，愿馈夫人。妇不受而去。秋胡归，母呼其妇出，乃即采桑妇也。秋胡子惭，妇数秋胡之罪，而自投于河。

《桑园会》，梅兰芳饰罗敷

《龙凤呈祥》（又名《美人计》），梅兰芳饰孙尚香

剧情简介：

周瑜用美人计，诱刘备入吴，实欲以刘备为人质索还荆州。刘备依孔明计，先结好国老乔玄。乔玄奏知吴国太，在甘露寺相亲。孙权于寺内埋伏刀斧手，欲杀刘备，乔玄向吴国太夸赞刘备。吴见刘有龙凤之姿，遂以孙权之妹尚香许婚。孙权依周瑜计，欲与声色迷惑刘备。刘备惦念荆州军国大事，被孙尚香看出，乃协助刘备取得吴国太尚方宝剑同返荆州。孙权、周瑜遣人追之，均被孙夫人喝退。周瑜亲自前来，刘备一行已登舟而去。

《美人计》之《回荆州》，梅兰芳饰孙尚香，王少亭饰刘备，杨盛春饰赵云

《美人计》，梅兰芳饰孙尚香，谭富英饰刘备

《截江夺斗》（又名《子龙救主》《赵云追舟》），梅兰芳饰孙尚香

剧情简介：

东吴孙权的妹妹孙尚香和刘备结婚后，抚养着刘前妻留下的儿子阿斗，住在荆州。荆州原是东吴的地方，刘备久借不还，孙权很气愤，就趁刘备出征西川的时候，派人去荆州，谎称孙尚香母亲病了，让她即刻带着阿斗回东吴，目的是留下阿斗做人质，迫使刘备归还荆州。孙尚香抱阿斗乘坐大船刚到江心，赵云察觉后乘小船追赶上来。他不顾大船上射来的箭枝，靠上前去并纵身跳上大船，将阿斗夺回。

《截江夺斗》，梅兰芳饰孙尚香，杨小楼饰赵云

《彩楼配》，梅兰芳饰王宝钏

剧情简介：

王允之女王宝钏，父母颇钟爱，定于二月二日高结彩楼，抛球招婿。先期，王宝钏夜梦斗大红星入怀。明日在花园见一花子，名薛平贵，卧处有红光罩身，心异其人，料其必贵。因唤至济给银米，并许以终身，告知彩楼抛球事，嘱其届时到来接球。及期，一般翩翩公子，走马王孙，无不前望接球，希望天赐美妻。不意果中一花郎薛平贵，众遂失望而散。

《彩楼配》，梅兰芳饰王宝钏

《武家坡》，梅兰芳饰王宝钏

剧情简介：

出身高贵门第的妻子王宝钏独居破瓦寒窑十八年，在困顿中写下血书，托鸿雁寄往西凉。薛平贵得信，和代战公主分别后，急忙返回长安相会。在武家坡前遇见了他的妻子王宝钏，夫妻一别再次相遇已有一十八载，因此薛平贵不敢贸然上前相认。薛借问路试探宝钏多年来是否变心，王依然坚守贞节，逃回寒窑。薛平贵赶至窑前，隔门讲明分别后的经历，夫妻才得以相认。

《武家坡》，梅兰芳饰王宝钏，杨宝森饰薛平贵

《大登殿》，梅兰芳饰王宝钏

剧情简介：

薛平贵得代战公主之助，攻破长安，拿下王允、魏虎，自立为帝。分封宝钏、代战及苏龙；斩魏虎，欲杀王允，经宝钏求情，始赦免；又迎请王母，共庆团圆。

《大登殿》，梅兰芳饰王宝钏（左一）、杨小楼饰薛平贵（左五）、
尚小云饰代战公主（左四）、李多奎饰王夫人（左二）

《三娘教子》(又名《王春娥》《双官诰》)，梅兰芳饰王春娥

剧情简介：

儒生薛广，往镇江营业。家中有妻张氏，妾刘氏、王氏。刘氏生一子，乳名倚哥。又有老仆薛保。薛广在镇江，适遇同乡人，以白金五百两，托带回家。不料其人吞没白金，购一空棺，停厝荒郊，以为薛广灵柩，回乡报知张氏等，举室嚎啕，使薛保运回灵柩安葬。后家渐衰落，张、刘不能耐贫，先后改嫁。三娘王氏深鄙之，誓与薛保茹苦含辛，抚养倚哥，送之入学，己则织布以易升斗之粟。倚哥在学堂被同学讥为无母之儿，气愤回家，遂不认三娘为母，语语顶撞，三娘怒不可遏，将刀立断机布，以示决绝。幸薛保竭诚劝导，母子始和好如初。薛广在镇江生意衰败，后从伍，官至兵部尚书。十几年后薛倚金榜题名，新科状元。父子相认团圆一家，荣归故里。而此时薛倚的大妈、亲妈又丢弃自己的家都来认丈夫和状元儿子，三娘劝张氏回家照顾老伴，劝刘氏也回家照顾老伴和几岁的孩子。

这是传统的青衣戏。梅兰芳在戏中饰王春娥，幼时即会。自早年演出以来的舞台实践，在“王春娥”的唱工上，梅兰芳下了很大工夫，有许多独到之处。著名老生王凤卿饰此戏中的薛保亦负盛名，当年梅、王合演此剧，相辅相成，大放光彩。

1928年末，梅兰芳为适应当时的审美需求，参照梆子戏《三娘教子》的老本，增加了“薛广离家”“谎传噩耗”“惊痛祭灵”“双官诰”等情节，编演出首尾呼应、故事完整的大戏《王春娥》。因《三娘教子》是以唱工取胜的，故在新编戏中，梅兰芳又创造了青衣的两段新腔，结合剧情表现了王春娥一悲一喜的两种心态，使全剧增色不少。

《三娘教子》，梅兰芳饰王春娥

《四郎探母》，梅兰芳饰铁镜公主

剧情简介：

杨延辉被擒后，改姓名与铁镜公主成婚。辽邦萧天佐摆天门阵，佘太君亲征。杨延辉思母，为铁镜公主看破，以实告之；铁镜公主计盗令箭，助其出关，私回宋营，母子兄弟相会。杨延辉复回辽邦，被萧后得知，欲斩，铁镜公主代为求免。

这是一出生旦合演的传统“对儿戏”，1913年梅兰芳和老生孟小如在北京合演，梅兰芳饰铁镜公主。《四郎探母》原以“四郎”（老生）为主，而“公主”是配角，多由花旦扮演。自梅兰芳运用青衣唱法演出“公主”后，不但使这一角色更加完美光彩，而且也使该剧成为以旦角为主的剧目。此后，许多挑班的旦角演员也都将此戏作为大轴演出。

1917年前，梅兰芳在义务戏和堂会戏中，曾几次陪谭鑫培演出此剧。后来梅兰芳又与周信芳、马连良、谭富英、杨宝森、奚啸伯、李少春、王琴生等著名老生合演过此剧。

《四郎探母》，梅兰芳饰铁镜公主

梅兰芳演《四郎探母》舞台照（上下图）

《四郎探母》之《盗令》，梅兰芳饰铁镜公主，着“旗蟒”

《女起解》，梅兰芳饰苏三

剧情简介：

明朝时，有一名妓苏三和吏部尚书之子王金龙结识，改名玉堂春，誓偕白首。王在妓院钱财用尽，被鸨儿轰出院外，苏三私赠银两使回南京。王走后，鸨儿把苏三卖给山西商人沈燕林作妾，沈妻与人私通，毒死沈，反诬告苏三，县官受贿，判苏三死罪。解差崇公道押解苏三自洪洞县去太原复审。途中苏三诉说自身的遭遇，崇公道加以劝慰。

此戏系梅兰芳的伯父梅雨田按王瑶卿的唱法亲授。梅兰芳于 1911 年在京城演出，当时年仅十七岁。《女起解》原不能独立成戏，均与《玉堂春》连演。经王瑶卿把“别狱神”的四句原版改为大段反二黄而形成重点唱段后，《女起解》才成为单折戏独立演出。此后，梅雨田又将剧中“行路”的原版唱词增加为十个“可恨”，使唱词更加丰富，形成了梅派《女起解》的一大特色。

《女起解》，梅兰芳饰苏三

《女起解》，梅兰芳饰苏三，萧长华饰崇公道（左右页）

梅兰芳演《玉堂春》舞台照，饰苏三，同台的有王凤卿、姜妙香等

梅兰芳演《玉堂春》舞台照，饰苏三，同台的有王凤卿、姜妙香等（左右页）

《御碑亭》，梅兰芳饰孟月华

剧情简介：

明时有王有道者，浙江金华举子也。岁甲辰，当大比之年，进京赴礼部试。家中有一妻一妹，妹名淑英，妻孟氏名月华，颇贞静有淑德。时值清明，孟氏母家遣仆来迎月华归，偕同扫墓。孟月华以归宁后仅遗弱妹一人在家守户，故踌躇不愿去。既以孟庄距家甚近，计当日可归，遂姑往焉。及还家，已将薄暮。逡巡抵中途，忽又遇骤雨。见路旁一御碑亭，遂入避雨。不意同时复有一士子柳生春，亦入亭避雨。孟氏见之，局促不自安，私念彼此孤身，万一个儿郎稍涉轻薄，将奈之何。孰意柳生春举止厚重，谨默羞涩若处子，绝无丝毫苟且。孟氏心乃慰。待雨经宿，至天明，柳生春先行，孟月华始行返。既抵家，遂述诸小姑。既而有道归，王淑英竟诉之兄，且讽语诬蔑之。有道闻之，赫然怒，以为大辱，遂立缮休书。孟氏百喙难辩，惟有含冤忍辱而已。后榜发，王有道及柳生春均榜上有名。于是同年生循例谒座主。王有道适与柳生春同班。座师诘柳生春生平有何积德，盖以柳生春作初无惊人处，惟其卷三弃之而仍三杂其中，故异而取之。柳生春遂以御碑亭避雨告，曰自意仅此一事耳。座师乃颔首称善。王有道闻语，方知孟氏之被屈，而自悔前举之过于孟浪也。既归，遂亲往谢罪，重迎孟氏还家，夫妻和好如初。而即以妹子淑英，许嫁柳生春为妻焉。

此为传统生旦名剧。1913 年初梅兰芳搭玉成班时，即与该班当家老生孟小如合演这出“对儿戏”，孟小如饰王有道，梅兰芳饰孟月华，并排在大轴演出，当时很有影响。梅兰芳所演角色属于青衣行当，但他改革了传统“抱肚子”的演唱方式，加强了体现“孟月华”性格的动作表演，使之唱做并重，在古朴传统的基础上增添了明丽清新的色彩，为全剧生辉。

1919 年梅兰芳首次访问日本时，在帝国剧场与老生高庆奎演出《御碑亭》，收到了意想不到的效果。那个时代，像剧中王有道休妻的事，在日本是屡见不鲜的，剧情得到被夫权压迫的日本广大妇女的共鸣，许多妇女观众在看戏时掩面落泪。当时日本报纸也连篇发表评论，认为表演生动，极为感人。这出戏当时在日本演出次数最多，极受欢迎。

《御碑亭》，梅兰芳饰孟月华

《御碑亭》，梅兰芳饰孟月华

梅兰芳在日本演出《御碑亭》，饰孟月华

《御碑亭》，梅兰芳饰孟月华

梅兰芳演《御碑亭》舞台照，饰孟月华，同台有王凤卿、萧长华等（上中下图）

《打渔杀家》（又名《庆顶珠》），梅兰芳饰萧桂英

剧情简介：

梁山老英雄阮小七易名萧恩获得一颗宝珠，顶在头上入水，可以避水开路。后来成为萧恩的女儿萧桂英与花荣之子花逢春订亲的信物。萧恩与众兄弟分手后，带女儿在江边打鱼为生。遇故人李俊携友倪荣来访，同饮舟中。因天旱水浅，打不上鱼，欠下了乡官丁士燮的渔税，丁士燮遣人催讨渔税，李、倪斥之，得罪了丁府。丁府派教师爷率家丁锁拿萧恩，萧恩忍无可忍，将众人打得落花流水。而后萧恩又上衙门，状告渔霸丁士燮，但丁府与官衙勾结，县官吕子秋反将萧恩杖责四十，萧恩愤恨之下，带着女儿黑夜过江，以献宝珠为名，夜入丁府，杀了丁士燮等然后逃走。

清末民初时梅兰芳即演过此戏，饰萧桂英，为王瑶卿所授。梅兰芳搭玉成班时，曾给老生孟小如配演此戏。1919 年初梅兰芳与著名须生余叔岩合作时，他们仍以谭鑫培和王瑶卿的演唱为范本，在吸取谭、王表演神韵的基础上加以创造，下工夫精雕细刻剧中人物，演唱得出神入化，耐人寻味。

《打渔杀家》本为老生戏，萧恩是主角，萧桂英只是配角。自王瑶卿陪谭鑫培、梅兰芳与余叔岩演出此剧后，萧桂英这一角色不断完美，极大地提高了萧桂英在戏中的地位，使此剧成为著名的生旦“对儿戏”。梅兰芳与余叔岩常在义务戏和堂会戏中合演此剧，受到观众的热烈欢迎。

梅兰芳 1930 年访问美国、1935 年访问苏联时，与王少亭合演此戏，每次演出也都受到两国观众的热烈欢迎。

梅兰芳还与周信芳、马连良等著名老生合演过此剧。1955 年在纪念梅兰芳、周信芳舞台生活 50 周年纪念演出中，梅、周二位大师再次联袂演出。

《打渔杀家》，梅兰芳饰萧桂英

《打渔杀家》，梅兰芳饰萧桂英，周信芳饰萧恩

《打渔杀家》，梅兰芳饰萧桂英，王少亭饰萧恩

《打渔杀家》，梅兰芳饰萧桂英

《游龙戏凤》（又名《梅龙镇》），梅兰芳饰李凤姐

剧情简介：

这是根据《明史演义》和民间传说演绎的故事。明朝少年天子正德微服出行，游历江南，在梅龙镇上结识了美丽活泼的酒家少女李凤姐。少男少女，一见钟情，正德和凤姐有了第一次的爱情萌动。正德因为惧怕皇太后干涉，把李凤姐藏匿于香山书院，结果还是被皇太后发现了，李凤姐被遣送回乡。正德思念凤姐心切，于是再次私下江南。皇太后也因为李凤姐产下了龙种而急赴梅龙镇。在新生幼儿天真无邪的笑声里，皇太后摈弃了偏见，一家人欢歌笑语，其乐融融。

此戏由梆子腔移植为京剧，戏名亦由《戏凤》改为《梅龙镇》，梅兰芳在剧中饰李凤姐。1918 年梅兰芳与老生余叔岩初次合作，在北京吉祥园演出此剧，受到观众欢迎。此后在义务戏和堂会戏中，二人又多次合演并排在大轴演至深夜，观众无人离座。

梅、余排练此戏非常认真，排练了几十天，每次排练均虚心邀请多位看过前辈谭鑫培和余紫云合演此戏的戏剧家指导并作比较。应邀专家肯定了他们二位对此剧多方面的创造和改进；并认为余叔岩演的并不是谭鑫培的原样，梅兰芳的表演和余紫云的关系也不大，不必拘泥于前辈的表演程式；同时也提出了一些技术方面的建议。梅、余根据各方面的意见和自身实践，推陈出新，对原唱腔作了修改，并删除了某些庸俗琐碎的表演，改进了舞台站位、身段、表情等形式，偏重于念、做，使此剧成为一出轻松欢快的生旦“对儿戏”。

这出戏中的李凤姐属于闺门旦性质、花旦的本工，一般表演踩跷。早年唱李凤姐的几乎没有不踩跷的，青衣旦角余紫云亦善此功。梅兰芳虽然练过跷功，但在舞台上从没有踩过跷，饰李凤姐时破例改穿彩鞋，所饰角色虽成为“大脚片”的李凤姐，却使观众耳目一新，一演即红。但这种破例实际上是有风险的，演不好观众会不满意，前辈青衣王瑶卿自述也会这出戏，只因无跷功而未登台，梅兰芳的这种尝试充分体现了其过人的胆识。

《梅龙镇》，梅兰芳饰李凤姐

《梅龙镇》，梅兰芳饰李凤姐

《审头刺汤》（又名《一捧雪》），梅兰芳饰雪艳

剧情简介：

奸相严嵩当国，视人命如草芥。一有睚眦之怨，不置之死地，不快于心。莫怀古，家藏一玉杯，名曰一捧雪，诚为稀世之珍，连城之价。严嵩向之索取，莫怀古惧其势焰，不敢不献，又不肯竟献。再三踌躇。请巧匠制一赝者，仿佛与一捧雪杯无二，上献严嵩，由此而升任太常寺正卿。有汤勤者，向操装潢书画之业，绰号汤裱背，为莫怀古门客，屡挑其爱妾雪艳，不能如愿。适值莫怀古酒醉后，漏泄伪造之言，入于汤勤之耳，即告之严嵩，欲陷莫怀古于死，乘机谋取雪艳。严嵩命校尉至莫府搜杯，其仆莫成，先藏杯逃匿，倾箱倒柜，逼索不得。莫怀古恐再受其威逼，挈眷潜逃。严嵩遣人追缉，在冀州获住，就近解交总兵戚继光收管。戚继光与莫怀古系属至交，思欲设法保全。而严嵩之行文已到，着即就地正法。无可为计，莫成之面貌，与莫怀古相似，愿代主人受刑。莫怀古连夜动身避至清江。戚继光遂斩莫成以覆命。

《审头刺汤》，梅兰芳饰雪艳，萧长华饰汤勤

《审头刺汤》，梅兰芳饰雪艳，萧长华饰汤勤

《穆柯寨》（又名《穆桂英招亲》），梅兰芳饰穆桂英

剧情简介：

萧天佐摆设七十二座天门阵，宋营中幸有一钟道士帮助六郎杨延昭调度破阵，并向太行山、五台山等处，调取金头马氏及杨五郎等，来营助战。杨五郎素知穆家寨后有降龙木二枝，必须取得一枝，作为斧柄，方能取胜。故必有此木，方肯下山。孟良乃前去盗木，先遇穆桂英在山下打猎，穆桂英射中一雁，为孟良所拾，孟良不肯还，遂起战争。孟良败回，带杨宗保再往，交战数十合，杨宗保为穆桂英所赏识，遂被计擒。既而穆桂英与杨宗保订婚，乃放杨宗保回，并约情愿输诚投顺云云。不意杨六郎怒其违犯军纪，竟欲斩杨宗保以徇，事遂中阻。孟良乃二次探山，放火盗木而去。

此剧纯为穆桂英阵上招婿而作，故所演专重在此。梅兰芳、朱素云演此，最擅其长，妙在形容得恰到好处，而无过于淫浪之态。

这是一出综合青衣、花旦和刀马旦表演的京剧，梅兰芳饰穆桂英，于 1913 年 11 月 16 日在上海丹桂第一台首演。这是梅兰芳登台以来第一次出京演出，也是他第一次主演的大轴戏，受到沪上观众的热烈欢迎，收到了良好的效果，使他在改革与创新的道路上，更加有了信心和勇气。

《穆柯寨》是梅兰芳在茹莱卿等人帮助下排演的，梅兰芳的武功原本受教于茹莱卿。此前梅兰芳演的都是“抱肚子”的青衣戏，从来没有扎过靠。这出戏他第一次紧紧地扎上一身靠，背上四面靠旗，一出场亮相便很有气派，给观众一种全新的感受，掌声不断。

梅兰芳首次上海之行又首次演出大轴戏，极有纪念意义，从此声名鹊起。

《穆柯寨》，梅兰芳饰穆桂英

《穆柯寨》，梅兰芳饰穆桂英（左右页）

《枪挑穆天王》（又名《穆天王》），梅兰芳饰穆桂英
剧情简介：

取材于《昭代箫韶》及《杨家将演义》第三十六回。杨宗保被穆桂英擒上山来之后，桂英爱慕宗保少年英俊，向其求婚。宗保不敢私自招亲，桂英晓之以理、动之以情，愿献出降龙木，共破天门阵，杨宗保这才应允婚事。杨延昭闻子被擒，亲往穆柯寨营救，正遇穆洪举，将穆挑下马。穆桂英闻信出战，翁媳二人交战，结果杨延昭被桂英挑下马来。幸杨宗保赶到，加以说明，穆桂英始知有误，匆忙收兵回山。杨宗保辞别岳父回营请罪，穆桂英亦精选人马，携降龙木，准备下山至宋营为杨宗保赎罪。

梅兰芳学完《穆柯寨》之后，又学了此戏，仍饰穆桂英，于 1913 年在上海也做为大轴戏演出。

此剧穆桂英的扮相，头场仍是扎靠，杨六郎出场后有一大段唱，为的是使“穆桂英”在后台从容改装。穆桂英再出场时，就是头戴风帽，身披斗篷了。历史传说穆桂英是一个山寨大王的女儿，有天真善良的性格，因此演员的表演既要有勇武气概，又要有娇憨形态，且要落落大方。其中“穆桂英”要说一口京白，要求演员口齿要清楚，语言要熟练。此戏梅兰芳师从王瑶卿，自己又下了很大工夫，因此演出效果极佳。

《枪挑穆天王》的情节承接于《穆柯寨》，但按传统的演出方式不与《穆柯寨》连演。新中国成立以后，梅兰芳开创了两剧连演的先例，于 1950 年 12 月 17 日在北京大众剧场演出。他感慨地说，“从前 20 岁演单出，现在 57 岁反而连演，精力之所以还顶得住，主要是为了群众。群众为看演出，在剧场门口排很长的队，特别那几天又下大雪，半夜三点就来买票。因此一定要把几十年从老前辈那里学来的一点艺术上精华送到广大观众面前，同时供后一代年轻演员参考”。

新中国成立后，梅兰芳确实焕发了青春，经常为工农兵群众演出，几乎走遍全国。至今，广大群众一直怀念这位艺术大师。

《枪挑穆天王》，梅兰芳饰穆桂英

《枪挑穆天王》，梅兰芳饰穆桂英

《枪挑穆天王》，梅兰芳饰穆桂英与女兵们

《枪挑穆天王》，梅兰芳饰穆桂英，姜妙香饰杨宗保

《宝莲灯》（又名《二堂舍子》），梅兰芳饰王桂英

剧情简介：

相传罗州知州刘彦昌曾与华山三圣母结亲，生子沉香。三圣母被二郎神押在华山之下。刘彦昌在京都得中状元时，娶王桂英为妻，生子秋儿。沉香、秋儿兄弟同在学中读书，失手打死告老太师秦灿之子秦官保，回家后各以伤人自承。王桂英虽然更疼爱自己亲生的秋儿，但最后还是忍痛舍弃秋儿，放走沉香。沉香出走之后，终于劈山救母。

《二堂舍子》，梅兰芳饰王桂英

《二堂舍子》，梅兰芳饰王桂英，周信芳饰刘彦昌

《二堂舍子》，梅兰芳饰王桂英，周信芳饰刘彦昌，梅葆玥饰沉香，高玉倩饰秋儿

《二堂舍子》，梅兰芳饰王桂英

《二堂舍子》，梅兰芳饰王桂英，周信芳饰刘彦昌

《二堂舍子》，梅兰芳饰王桂英，周信芳饰刘彦昌，梅葆玥饰沉香，高玉倩饰秋儿

梅兰芳演《二堂舍子》舞台照（左右页）

《五花洞》，梅兰芳饰潘金莲
剧情简介：

五花洞有修炼千年之老妖，神通广大。一系蜈蚣、一系蝎子、一系壁虎、一系虾蟇、一系毒蛇。忽发奇想，蝎子与壁虎，幻一人形，溷迹于尘世间，以为游戏。有民人武大，暨妻潘金莲，由清河县至阳谷县，寻访乃弟武松。途中相遇，二妖遂变化其夫妻形状，面貌身体、衣服语言，无不毕肖。四人对观之下，谁真谁假，竟难辨别，互扭至县官处控告，真与假口供，一一吻合，县官不能判断。包公巡查到此，提取审问，正要用照妖镜验看，适值天师张杰进谒。知其来历，即命法官会拿。

梅兰芳的《五花洞》，早在喜连成借台练戏时就与律喜云同演，后又与王蕙芳合作，这次梅兰芳饰演假潘金莲，赵君玉饰演真潘金莲，二人依照上海的扮相，新制了两身完全相同的服装，又经认真排练，使身段、唱腔也达同工无二。再有郎德山的包公，双处的 张天师，筱桂喜的大法官，克秀山的武大郎为辅，演出十分精彩，确比梅兰芳往日的演出更见光彩。

《五花洞》，梅兰芳饰潘金莲，王少卿饰武大郎（双影）

《六五花洞》，饰真假潘金莲者左起：王幼卿、于连泉、尚小云、梅兰芳、程砚秋、荀慧生

《六五花洞》，饰武大郎者左起：萧长华、曹二庚、慈瑞泉、罗文奎、高连峰、贯多才

《樊江关》(又名《姑嫂英雄》)，梅兰芳饰薛金莲

剧情简介：

唐太宗、薛仁贵西征被困在锁阳关、白虎关一带。薛仁贵之妻柳迎春奉诏，急调樊江关守将樊梨花援救。樊梨花正拟发兵，薛仁贵之女薛金莲忽至，责樊梨花按兵不动。因言语顶撞，竟致动武。柳迎春力阻无效。樊梨花负气收回发兵将令，在薛金莲认罪后，始言归于好。

梅兰芳没有正式学过这出戏，是在多次观看王瑶卿和路三宝的演出后学会的，经钱金福、茹莱卿先生指正，于1914年开始演出。

《樊江关》是一出刀马旦和花旦主演的“对儿戏”，“樊梨花”“薛金莲”两个角色一度分别由王瑶卿、路三宝扮演。这两个角色明面上相似，而其身份和性格却不相同：薛金莲是娇憨天真的姑娘，倚仗老母亲的疼爱而处处撒娇；樊梨花有嫂子派头，个性爽快明朗。梅兰芳认为演员应深刻分析和把握剧中人物特点，并根据自身的条件去选择饰演的角色，才能充分展现舞台上的艺术形象。以梅兰芳的功力，剧中两个角色均可选饰，但他根据自己的个性，未仿效王瑶卿所饰樊梨花而改演薛金莲。

梅兰芳与王蕙芳合演此戏，王蕙芳饰樊梨花。两人配合严谨，特别是姑嫂对剑一场非常精彩，加之剧情又很风趣，故盛极一时，最受观众欢迎，往往一晚要赶四场。以后梅、王还合演过其他戏，遂有“兰蕙齐芳”之誉。

《樊江关》中两个主演角色都很重要，实际很难分出仲伯。如王瑶卿原演樊梨花，观众就视樊为主角；自梅兰芳演薛金莲后，观众又改视薛为主角。此后程砚秋和荀慧生演出此戏也都饰薛金莲，只有尚小云两个角色轮换演出。

《樊江关》，梅兰芳饰薛金莲

《樊江关》，梅兰芳饰薛金莲

《樊江关》，梅兰芳饰薛金莲，朱桂芳饰樊梨花

《樊江关》，梅兰芳饰薛金莲

《樊江关》，梅兰芳饰薛金莲，朱桂芳饰樊梨花（左右页）

《虹霓关》（又名《东方夫人》），头本梅兰芳饰东方氏，二本梅兰芳饰丫环

剧情简介：

秦琼攻打虹霓关，守将辛文礼出战，被王伯党射死，辛妻东方氏为夫报仇，阵上擒获王伯党，慕其英俊，促丫环作说客，降顺瓦岗，改嫁王伯党。在洞房中王指斥东方氏不为夫报仇，杀死东方氏。

《虹霓关》（头本）

1913 年梅兰芳在上海首次连演《穆柯寨》和《抢桃穆天王》两戏后，因所饰穆桂英与头本《虹霓关》的东方氏同为刀马旦应工，遂有意排演头本《虹霓关》，饰东方氏，并与二本《虹霓关》连演。适逢王蕙芳来沪，梅兰芳请王教授此戏，并于当年 11 月 26 日在丹桂第一舞台演出了头本、二本《虹霓关》。梅兰芳头本饰东方氏，二本演丫环，因两个角色需要改换装束，故在头二本戏间，加一出王凤卿演的剧目。梅兰芳这种头本、二本连演，一人赶两个角色的方式，当时在京剧舞台上是少见的，非常新颖，很受观众欢迎。

梅兰芳 1924 年访问日本时，拍摄了头本“虹霓关”中东方氏与王伯党（由姜妙香扮演）对枪一段戏的电影。1935 年梅兰芳访问苏联时，与该国著名电影导演爱森斯坦合作，再次拍摄了此剧对枪一场，朱桂芳饰王伯党。

《虹霓关》（二本）

梅兰芳饰丫环，由王瑶卿所授，于 1912 年在北京首演。之前梅兰芳经常观看王瑶卿演出此戏而产生浓厚兴趣，伯父梅雨田也认为以梅兰芳的年龄演此戏非常合适，遂商请王瑶卿教授，并嘱梅兰芳磕头拜师。王瑶卿谦称与兰芳平辈，不必拘泥形式，以兄弟相称为好。后来王瑶卿与梅兰芳虽有师徒之份，却始终以弟兄相称。

二本《虹霓关》原是一出只演半小时的小戏，剧中丫环这个角色唱工少，说白多。梅兰芳饰此角时，演得活泼可爱，毫不油滑轻浮，倍受观众欢迎。

梅兰芳在头本《虹霓关》中饰演东方氏，认为自己的个性不适合在二本中继续饰演此角，故在二本中演丫环。这种由一人在头本和二本戏中分别饰演不同角色、为适应剧中角色需要而变换演员的演出方式始自梅兰芳，既是对传统演出的改进，也充分体现了自身的艺术功力。

《虹霓关》（头本），梅兰芳饰东方氏

《虹霓关》（头本），梅兰芳饰东方氏，路三宝饰王伯党

《虹霓关》（头本），梅兰芳饰东方氏

《虹霓关》（头本），梅兰芳饰东方氏，朱桂芳饰王伯党（上中下图）

《虹霓关》（头本），梅兰芳反串王伯党，王惠芳饰东方氏

《虹霓关》（二本），梅兰芳反串王伯党，程砚秋饰丫环，尚小云饰东方氏（上下图）

《虹霓关》（二本），梅兰芳饰丫环（左右页）

《混元盒》（《金针刺红蟒》），梅兰芳饰红蟒

剧情简介：

江西巡抚赵国胜恨天师张捷遇己非礼，入京奏告嘉靖，谓张捷左道惑众，嘉靖遣陆炳往龙虎山，调张入京面质。有红蟒精，亦奉金华娘娘之命，沿江一带潜伏谋害天师，红蟒先幻化为赤身女子，蛊惑一青年渔民傅年，隐藏傅年家中。张天师行船过境，红蟒遣锚精勾住张船，并吸干江水，欲谋害天师。天师作法，遣星君等袭杀锚精，击败红蟒。后侦知红蟒藏在傅家，暗派二法官与傅年言明，先为傅年治愈痼疾，复授傅年以符录、神针。傅按法官教，俟红蟒夜归，以针刺死红蟒，二法官将蟒尸收入混元盒中。

《金针刺红蟒》，梅兰芳饰红蟒

《汾河湾》，梅兰芳饰柳迎春

剧情简介：

唐代薛仁贵投军多年未归，妻柳迎春生子丁山，长大后打雁度日，奉养母亲。薛仁贵立功受爵，回乡探亲，行至汾河湾遇丁山打雁，见其好箭法，正在惊讶，忽遇猛虎，薛急发袖箭，不料误伤丁山，仓皇逃回家中，夫妻相会时，薛见床下有男鞋，疑妻另嫁，柳告系子丁山所穿，薛欲见子，始知是在汾河湾射死的孩子，夫妻悲伤不已。

此为传统剧目，剧情比较细致、曲折和生动，主要角色为青衣、老生各一，演员要有较高的演技并配合默契才能演好。梅兰芳于1913年即与著名老生王凤卿合作演出此剧，梅兰芳饰柳迎春。不久又陪伶界大王谭鑫培演出几次，谭老板时进晚年，梅兰芳是后生，有幸同台，梅兰芳受益颇多。此后梅兰芳常与王凤卿在京沪两地合演此剧。

戏剧家齐如山第一次观看梅兰芳演出《汾河湾》后，即对“柳迎春”的表演提出了一些改进意见，并于民国元年写了一封长约三千字的信给梅兰芳。梅遵此认真进行了改进，再演时大受观众欢迎。从此，齐如山多年协助梅兰芳，使之创立了“梅派”艺术。

有意思的是，1930年梅兰芳赴美国演出《汾河湾》时，美方将剧目译为《一只鞋的问题》；1935年赴苏联演出此剧，剧目又被译为《睡鞋的秘密》，但均受到当地观众和戏剧界的热烈欢迎。

《汾河湾》，梅兰芳饰柳迎春

《汾河湾》，梅兰芳饰柳迎春，王凤卿饰薛仁贵

《汾河湾》，梅兰芳饰柳迎春，马连良饰薛仁贵

《汾河湾》，梅兰芳饰柳迎春，王少亭饰薛仁贵（上下图）

梅兰芳在美国演出《汾河湾》，饰柳迎春，王少亭饰薛仁贵

《汾河湾》，梅兰芳饰柳迎春，王凤卿饰薛仁贵

《春灯谜》，梅兰芳饰韦影娘

韦节度女影娘随父乘舟。元宵节随母着男装上岸观灯，遇少年宇文彦一见钟情，遂佯与唱和而订婚。狂风起，母女失散，影娘误入文彦之舟，宇文母认为义女携之而去。宇文彦误入韦舟，被擒，并搜出影娘诗笺，韦怒剥其衣，于背上书“赖皮军贼”投之水中，被救后误以为贼，送官问斩。其兄宇文义中试，授巡按，勘问此案，知冤赦之。宇文彦更名卢更生，又中试，与影娘成婚。洞房中始知种种误会。

《春灯谜》系明末阮大铖之传奇剧作。齐如山取其情节曲折动人，翻改成皮黄剧本，梅兰芳作为情节新戏进行排练。梅兰芳饰韦影娘，王凤卿饰宇文行简，萧长华饰庙祝，姜妙香饰宇文彦。在新编的戏中，《春灯谜》和《宇宙锋》都是从开台到散戏只演一出戏。

《春灯谜》舞台照，梅兰芳饰韦影娘

梅兰芳演《春灯谜》舞台照（左右页）

《辕门射戟》，梅兰芳饰吕布

剧情简介：

刘备屯军小沛，袁绍从长史杨大将先擒刘备，后图吕布之议，遣纪灵率雷、陈二将往攻之，恐吕布援备，一面又令韩胤赍书往徐州，馈送粮米于布，冀吕布绝刘备。时刘备尚力弱，势不克敌袁绍，闻讯大惊。遂与关羽、张飞、孙乾等，商议御纪灵之策。关、张等请与背城一战，刘备不敢。乃从孙乾计，修书与吕布乞援。吕布得袁、刘二书，颇左右为难。既而熟权与己之利害关系，遂决计暗助刘备，不令袁军南下得势。因折柬邀纪灵至，设筵为之排解。酒过数巡，吕布乃言明与两家解围之意，即命左右取画戟，树于辕门之外，自引弓射之，谓：若命中，各宜罢兵；如不中则再听二君归营，一决雌雄，设不从者，吕布必拼力击之。纪灵利其远，私念未必有如此箭法，因姑允之；而刘备则惟有默祝天佑而已。不意箭发，果中戟尖，布乃大笑顾左右言曰：此乃天意欲令两家息兵也。纪灵欲不从，慑于吕布之强，只得乞吕布作书为证，回淮北复命而去。吕布则屡向刘备作大言市惠，并谆嘱他日勿忘此恩。刘备惟唯唯受命。

《辕门射戟》，梅兰芳反串吕布

《辕门射戟》，梅兰芳反串吕布

《八蜡庙》，梅兰芳饰褚彪
剧情简介:

《八蜡庙》又名《拿费德功》，出于《施公案》。描写淮安土豪费德功在八蜡庙游玩，强抢民女，逼婚不从将她打死。黄天霸、金大力报知施世纶，由褚彪定计：使黄天霸之妻张桂兰和义侄贺仁杰假装民妇母子，故意被费德功抢去，张乘机盗得费德功的药箭、宝剑，里应外合，擒住费德功。

《八蜡庙》为京剧“八大拿”戏之一，有文有武，以武为主，行当齐全，火爆热闹。二十世纪二十年代以来，又盛行反串演出《八蜡庙》，以博欢娱，多是在戏班封箱戏、义务戏、堂会戏中出现。《八蜡庙》，梅兰芳虽正规的、反串的都演过，但因反串为特例，正规的也不对工，故只在义务戏、堂会戏中盛请之下才偶尔一演。当年演反串戏素有既娱观众，也娱演员的性质；梅兰芳的反串则全是真功夫，或演武生的黄天霸，或演武老生的褚彪，都是一招一式全合规范，没有丝毫反串的痕迹。

《八蜡庙》，梅兰芳饰褚彪，张伯驹饰黄天霸，钱宝森饰张桂兰，李仲恩饰贺仁杰，徐兰沅饰关泰

《黄鹤楼》，梅兰芳饰周瑜

剧情简介：

《黄鹤楼》取材元杂剧，与《单刀会》类似，都是东吴为讨荆州，邀请蜀汉方面领导过江赴宴谋图绑架，结果未遂的故事。只不过邀请方是周瑜、鲁肃，赴宴方是刘备、关羽，保镖分别是赵云、周仓。

周瑜于黄鹤楼宴请刘备，逼刘写退还荆州的文约，并嘱部下非有令箭不得放走刘备。刘失措，而诸葛亮事先将借东风时携走的令箭入竹节中预付赵云。赵云破竹出示令箭，使刘备安然脱险。

《黄鹤楼》，梅兰芳反串周瑜

《黄鹤楼》，梅兰芳反串周瑜（左右页）

《挑滑车》，梅兰芳饰高宠

剧情介绍：

南宋初年，金兵侵犯江南。岳飞与金兀术会阵于牛头山。点将之际，岳飞因恐高宠不熟悉牛头山地形，未予重用。高宠不满，质问岳飞，岳飞令守军中大纛旗。两军交战，宋军不利，高宠见状情急，不顾违抗军令，交汤怀、郑环看守大纛旗，奋勇下山，解岳飞之围，并冲入敌阵，连挑金将，大败兀术、黑风利。兀术撤兵，高宠乘胜追击。兀术以铁滑车自山头滑下以阻之，高宠奋力连挑十余辆，人马力尽，被滑车压死。

梅兰芳试扮《挑滑车》中的高宠

梅兰芳试扮《挑滑车》中的高宠

第二部分 梅兰芳演出昆曲剧目

梅兰芳由于爱好和有志于提倡昆曲，向多位名家学习并积极倡导演出，引起观众对昆曲这一古老剧种的重视，使昆曲这支兰花重放异彩。他演出的昆曲剧目中，有的已成为梅派代表剧目，受到国内外观众好评。

《白蛇传》（《金山寺》《断桥》）中饰白素贞
《思凡》中饰赵色空
《牡丹亭》（《春香闹学》）中饰春香
《牡丹亭》（《游园惊梦》）中饰杜丽娘
《西厢记》（《佳期》《拷红》）中饰红娘
《金雀记》（《觅花》《庵会》）中饰潘夫人
《奇双会》（又名《贩马记》）中饰李桂枝
《贞娥刺虎》中饰费贞娥
《玉簪记》（《琴挑》《偷诗》《问病》）中饰陈妙常

《白蛇传》（《金山寺》《断桥》），梅兰芳饰白素贞
剧情简介：

据明末《警世通言》记载，传说南宋绍兴年间，有一千年修炼的蛇妖化作美丽女子叫白素贞，及其侍女青青（也称小青、青鱼、青蛇）在杭州西湖遇药店之主管许宣（或名许仙）邂逅相遇，同舟避雨，一见钟情，遂结为夫妻。婚后，经历诸多是非，白娘子屡现怪异，许不能堪。镇江金山寺高僧法海赠许一钵盂，令罩其妻。白、青被罩后，显露原形，乃千年成道白蛇、青鱼。法海遂携钵盂，置雷寺峰前，令人于其上砌成七级宝塔，名曰雷峰，永镇白、青于塔中。

这是梅兰芳演出的昆曲剧目之一。这两出戏可单演也可连演，梅兰芳饰白素贞。梅兰芳曾先后向乔蕙兰、陈德霖、李寿山等戏曲界老先生学习这两出戏，迁居上海后又向昆曲前辈丁兰荪学过身段，与俞振飞和许伯遒研究过唱腔。戏剧界同行戏称梅兰芳唱的这出戏是“南北和”。

1915 年 4 月，梅兰芳第一次演出《金山寺》。1946 年末，梅兰芳在上海中国大戏院首次尝试连演《金山寺》和《断桥》。与之配演青蛇的，早年有路三宝、姚玉芙和朱桂芳等，1946 年改由弟子、有“小梅兰芳”之称的李世芳。1947 年 1 月 5 日李世芳不幸在青岛遇难，师生永别使梅兰芳长年伤感。后来多由其子葆玖扮演青蛇。

梅兰芳对所饰角色的表演、服装、头饰等，一直不断改革。如 1915 年演《金山寺》时，戴的是大额子（清代的演出，白娘子与小青戴的则是渔婆罩），后来觉得白娘子并非女将身份，戴大额子根据不足，便改为软额子，又多次改动服装，穿戴很成功。在白娘子扮相上也作了重要改动，在面牌上增添了强调素雅的白色大绒球（青蛇则为蓝色），解放初又把大绒球改成了红色。如此一改，白素贞一身洁白，头上一点红，突出了战斗精神。1951 年 2 月 16 日梅兰芳在怀仁堂演出此剧，受到毛主席的称赞。毛主席说：“你的白娘子扮相与众不同，想得很妙。浑身穿白，头顶一个红绒球。”梅兰芳很受感动，常说毛主席看戏可真仔细呀。

《白蛇传》，梅兰芳饰白素贞

《金山寺》，梅兰芳饰白素贞，朱桂芳饰青儿

《金山寺》，梅兰芳饰白素贞，
路三宝饰青儿

《金山寺》，梅兰芳饰青儿，王蕙芳饰白素贞

《白蛇传》，梅兰芳饰白素贞、尚小云饰青儿、程砚秋饰许仙

《金山寺》，梅兰芳饰白素贞

《金山寺》，梅兰芳饰白素贞，梅葆玖饰青儿

《金山寺》，梅兰芳饰白素贞，姜妙香饰许仙，梅葆玖饰青儿

《金山寺》，梅兰芳饰白素贞，俞振飞饰许仙，梅葆玖饰青儿

《思凡》，梅兰芳饰赵色空

剧情简介：

谓有赵氏女，自孩童之时，为父母舍入尼庵。削去八千烦恼丝，做佛门弟子。及至情窦初开，始悔空门之中，不足以结善缘，并不足以证善果。于是晨钟暮鼓，转辗愁思。礼忏奉经，反增魔道。入夜来庵房寂寞，对此半明半灭之孤灯，更难消释。左盘算，右盘算，九转回肠：计惟觅一如意郎君，度少年大好之光阴，结我善缘，证我善果，且可举我善愿。遂逃下山去。

《思凡》是昆曲《孽海记》中的一折，是梅兰芳向昆曲名家乔蕙兰学习的第一出昆曲戏，1916 年在京演出。

《思凡》全剧只有小尼姑赵色空一个角色，通过唱腔、表情和身段，要表达出被迫出家的尼姑的苦闷心情和积极的反抗精神，在表演上很有难度。且昆曲是“歌舞合一，唱做并重”的剧种，在唱念与动作的结合方面要达到完美的水平更是困难。梅兰芳知难而进，在精心继承传统的基础上加以创造，把握和处理好这些难点，表演得心应手。在剧中，梅兰芳根据赵色空手中拿的拂尘，创造了引人入胜的“拂尘舞”，更是深受广大观众的欢迎。遂成为梅兰芳所演昆曲戏中的精品之作。

《思凡》，梅兰芳饰赵色空

《思凡》，梅兰芳饰赵色空

《思凡》，梅兰芳饰赵色空

梅兰芳在北京比国营业公司演出堂会戏《思凡》舞台照

《牡丹亭》，梅兰芳饰杜丽娘

剧情简介：

贫寒书生柳梦梅梦见在一座花园的梅树下立着一位佳人，说同他有姻缘之分，从此经常思念她。南安太守杜宝之女名丽娘，才貌端妍，从师陈最良读书。她由《诗经·关雎》章而伤春寻春，从花园回来后在昏昏睡梦中见一书生持半枝垂柳前来求爱，两人在牡丹亭畔幽会。杜丽娘从此愁闷消瘦，一病不起。她在弥留之际要求母亲把她葬在花园的梅树下，嘱咐丫环春香将其自画像藏在太湖石底。其父升任淮阳安抚使，委托陈最良葬女并修建"梅花庵观"。三年后，柳梦梅赴京应试，借宿梅花庵观中，在太湖石下拾得杜丽娘画像，发现杜丽娘就是他梦中见到的佳人。杜丽娘魂游后园，和柳梦梅再度幽会。柳梦梅掘墓开棺，杜丽娘起死回生，两人结为夫妻，前往临安。杜丽娘的老师陈最良看到杜丽娘的坟墓被发掘，就告发柳梦梅盗墓之罪。柳梦梅在临安应试后，受杜丽娘之托，送家信传报还魂喜讯，结果被杜宝囚禁。发榜后，柳梦梅由阶下囚一变而为状元，但杜宝拒不承认女儿的婚事，强迫她离异，纠纷闹到皇帝面前，杜丽娘和柳梦梅二人终成眷属。

《牡丹亭》，梅兰芳饰杜丽娘

《春香闹学》，梅兰芳饰春香

剧情简介：

杜姓，官家也。请一西席，系村中老学究，陈其姓，最良其名，为女公子教授。小婢春香，亦在学堂伴读。陈先生坐拥皋比，非常严厉，未尝稍假以辞色。而春香桀黠性成，不知读书为何事，及至书房，一味玩笑嬉戏，于先生前肆无忌惮。先生示以夏楚，反被春香夺而掷于地。先生无如之何，几欲辞馆他适。杜女即将春香痛责一番，且代为缓颊，命春香跪求饶恕，先生始不与之计较。

这是昆剧《牡丹亭》中的一折。梅兰芳向李寿山等昆曲名家学习，在戏中扮演丫环春香，于1916年在北京演出。

这出戏里的丫环春香，属昆曲贴旦角色。梅兰芳对剧情和剧中人物研究得非常精细，认为春香是一位天真娇憨的小姑娘，其性格与二本《虹霓关》和《佳期拷红》里的那两个丫环不同，在念白、动作、神态各个方面都要与曾饰演的那两个丫环有所区别，应另塑这个“丫环”的特质形象。梅兰芳饰演的春香，天真活泼，笑骂哭打，其手眼身法步无处不像娇憨的小姑娘，从头到尾将一个新的艺术形象展现在舞台上，充分体现出梅兰芳对客观事物的观察能力和对剧中人物的艺术把握。《春香闹学》是梅兰芳一生经常演出的昆曲剧目之一。

《春香闹学》，梅兰芳饰春香

《游园惊梦》，梅兰芳饰杜丽娘

剧情简介：

被爹娘娇养在深闺里的杜丽娘，背着父母和老师，与侍女春香同到南安府的后花园去春游。满园春色，使这位知书守礼的官家小姐顿起伤春之感。杜丽娘游倦归房，朦胧睡去，与一个手持柳枝、口称到处寻她的少年书生柳梦梅在园中相会。后花园的花神们并出来保护他们。两人分别后，适杜母来临，见女儿昼寝神思困倦，把她叫醒，并嘱咐她，少到花园闲行。

这是一出昆曲戏，原是明代大剧作家汤显祖所著《牡丹亭》中最富魅力的一折。排演此剧时，梅兰芳饰杜丽娘，由乔蕙兰教曲、陈德霖教身段。排练期间，梅兰芳与乔、陈共同研究，丰富了表演。1918 年在北京一演即红。

梅兰芳早年演此戏时，由姜妙香配演柳梦梅；1933 年在上海演出时又得昆曲名家俞振飞合作，由俞饰柳梦梅，均相得益彰，传一时佳话。后梅与俞合作多年，并博取众家精华，不断对《游园惊梦》进行锤炼和提高，遂臻化境。

梅兰芳在剧中的唱念做都有许多突出的地方，不仅表现了杜丽娘的温婉、娴雅的性格，还把这位深锁幽闺的少女心灵深处的寂寞、惆怅、彷徨的心情恰如其分地表露出来，演得层次分明、不同凡响。此戏是梅兰芳下工夫最大，也是演出场次最多的昆曲剧目。梅派《游园惊梦》堪称中国戏曲艺园中的奇葩。

1959 年 12 月，梅兰芳应北京电影制片厂之约，将《游园惊梦》搬上了银幕。当时领导非常重视，成立了由最优秀人员组成的摄制组进行拍摄，梅兰芳饰杜丽娘，俞振飞饰柳梦梅，梅兰芳弟子言慧珠饰春香。当时以故事片的手法拍摄此剧，布景和道具都很讲究，也力求符合电影艺术和时代思想的要求，历经两月余圆满完成。

《游园惊梦》，梅兰芳饰杜丽娘，梅葆玖饰丫环

《游园惊梦》，梅兰芳饰杜丽娘

《游园惊梦》，梅兰芳饰杜丽娘

《游园惊梦》，梅兰芳饰杜丽娘，俞振飞饰柳梦梅

《游园惊梦》，梅兰芳饰杜丽娘，梅葆玖饰丫环

《游园惊梦》，梅兰芳饰杜丽娘，姜妙香饰柳梦梅

《西厢记》（《佳期》《拷红》），梅兰芳饰红娘

唐贞元年间，西洛书生张珙进京应试，在河中府普救寺邂逅崔相国的女儿崔莺莺，二人一见倾心。张珙乃搬入寺内，居住西厢之侧，以期俟机与崔莺莺相近。河中叛将孙飞虎，知崔莺莺貌美，兵围普救寺，欲掠之。崔夫人于危急中誓言，有人能退去贼兵，愿倒赔妆奁，将莺莺与之为妻。张珙有挚友白马将军杜确，统兵镇守蒲关，乃修书一封，命寺僧惠明下书往邀杜确前来解围。杜确剿灭孙飞虎之后，张珙本思与崔莺莺结成夫妇，岂知崔夫人嫌其为白衣秀士，悔却前言，借词推托。张珙与崔莺莺两心怏怏，红娘乃往来传书递柬，先使二人在花园相会，继之更促成二人婚事，共度佳期。事为崔夫人闻知，怒笞红娘。红娘据理申辩，并责崔夫人出尔反尔之过，终使崔夫人张口结舌，无言以对，依红娘之见，准张珙与崔莺莺结亲，但须张珙赴试高中之后，始允成礼。张珙遂离河中，取路入都。至此，张珙与崔莺莺之事，告一段落。

《佳期》《拷红》是《西厢记》中的两折。梅兰芳在剧中饰丫环红娘。梅兰芳曾向乔惠兰、陈德霖等名家学会了几十出昆曲戏,《佳期》《拷红》是其中之一。梅兰芳经常演出此剧。1916 年在北京首演。

众所周知，“红娘”是婚姻介绍人的代名词，源于《西厢记》。《佳期》《拷红》艺术特色明显，主要塑造红娘敢于打破封建礼教、助人争取婚姻自由的典型形象；围绕反映剧中人物思想性格而采取唱白分明的表演形式。“红娘”在《佳期》一折中唱多念白少（一曲“十二红”长达三十多句），而在“拷红”一折中则唱少念白多。梅兰芳在两折中充分运用喜剧的手法展示红娘的形象；唱如行云流水，念如飞花溅玉，字圆腔正，有声有色，互为表里，一气呵成，烘托出红娘仗义执言的性格和促成张生与崔莺莺婚姻大事的无比愉快心情。梅兰芳的生动表演令人叹为观止。

《西厢记》，梅兰芳饰红娘，程砚秋饰崔莺莺，尚小云饰张生

《西厢记》，梅兰芳饰红娘，尚小云饰张生

《西厢记》，梅兰芳饰红娘，程砚秋饰崔莺莺、尚小云饰张生

《西厢记》，梅兰芳饰红娘，姚玉芙饰崔莺莺，姜妙香饰张生

《佳期》《拷红》，梅兰芳饰红娘

《金雀记》，梅兰芳饰潘夫人

剧情简介：

潘安仁未第时，与一乐伎巫彩凤，两情相洽，遂订白头之盟。旋经丧乱，彼此分离。潘安仁有金雀一对，以一支赠巫彩凤，以为表记。既而潘安仁出宰河阳，巫彩凤以一纸书寄潘安仁，备述别后情状，并言暂度为尼，以自明其不渝初志。讵意书为潘安仁妻拾得，遂多方盘诘，欲一观其金雀。潘安仁初尚掩饰，继被再三逼问，卒至辞穷，只得直陈，且长跪请命焉。潘夫人佯作含酸，不遽许可，实则潘夫人未抵河阳署时，早已得其详情，且极贤淑，非惟毫无醋意，并欲玉成之。此不过乔装以绐潘安仁，故剧名《乔醋》。

《金雀记》，梅兰芳饰潘夫人

《奇双会》（又名《贩马记》），梅兰芳饰李桂枝

剧情简介：

明朝，陕西褒城马贩李奇，续娶杨三春。杨乘李外出，虐待其前妻子保童、女桂枝。保童、桂枝逃出，保童被渔翁救去抚养，客商刘志善认桂枝作义女，并许婚赵宠。赵中试，任褒城县令。李奇贩马归，不见子女，杨佯称病死。李不信，追问丫环春花，春花畏罪自尽。杨三春与其奸夫田旺诬陷李奇逼奸春花致死。县令受贿，将李严刑逼招，押入死囚牢。赵宠接任，下乡劝农。桂枝夜闻哭声甚哀，开监提问，知己父被冤。待赵归，哭诉前情，求赵写状。赵教桂枝乔装至新任巡按处申诉。巡按正是其弟保童，将桂枝拉入后堂。终为李奇昭雪，一家团聚。

此剧源于徽调，是徽班进京演出的吹腔戏之一。梅兰芳请乔惠兰、陈德霖教练此剧，饰李桂枝，于1917年在北京演出。

《奇双会》虽是一出吹腔戏，但演员必须具有深厚的昆曲功力方可胜任演出全剧。因而此剧逐渐淡出，偶有上演，演员往往也只演“写状”一折。梅兰芳为了倡导昆曲，在认真继承传统、广采博取的基础上，专门排演了包括“哭监”、“写状”、“三拉”三折在内的《奇双会》全剧，获得成功。以后梅兰芳对此剧又不断加工改造，增删剧本细节，推敲唱、念、做、表，精雕细刻剧中人物，故常演常新，越演越好。

剧中饰赵宠的演员，先后有程继仙、姜妙香和俞振飞，各有特长，均在继承传统中发展了所饰角色的表演。这些名角与梅兰芳连袂合作，为全剧演出增色不少，使这出戏达到了很高的艺术水平。

《奇双会》是梅兰芳的保留剧目之一，直到晚年还时常演出。

《奇双会》，梅兰芳饰李桂枝

《奇双会》，梅兰芳饰李桂枝

《奇双会》，梅兰芳饰李桂枝，姜妙香饰赵宠

《奇双会》，梅兰芳饰李桂枝，姜妙香饰赵宠

《奇双会》舞台照，梅兰芳饰李桂枝，同台的有俞振飞、王少亭等（上下图）

《貞娥刺虎》，梅兰芳饰费貞娥

剧情简介：

费貞娥本与表兄高志扬相恋，却被选入宫中当宫女。扬为接近娥，入宫当御林军。长平公主发现娥私会扬，因感二人情深，不追究犯宫规之罪。扬父被奸臣田彪陷害致死，彪又欲加害扬，为平所救。流寇李闯与彪里应外合，攻破皇城。娥为救被崇祯斩伤的平，冒认公主，向贼将罗虎献身。为报父仇而投靠闯军的扬在宫中寻娥，却救了奄奄一息的平。娥假意与虎成亲，在新婚之夜把虎刺死，复向扬晓以大义。扬、娥合力杀彪后，带平脱离险境。

《贞娥刺虎》，梅兰芳饰费贞娥

《貞娥刺虎》，梅兰芳饰费貞娥

《贞娥刺虎》，梅兰芳饰费贞娥，刘连荣饰一支虎

《贞娥刺虎》，梅兰芳饰费贞娥，刘连荣饰一支虎，两宫女为李斐叔、姚玉芙

《玉簪记》（《琴挑》《偷诗》《问病》），梅兰芳饰陈妙常

剧情简介：

书生潘必正与官宦之女陈娇莲是指腹为婚的夫妻，因金兀术南侵，陈娇莲在兵乱中与其母失散，几经波折，不得已投身在潘必正之姑母潘法诚所住持的女贞观中，庵主为陈娇莲皈依并赐法名妙常。潘必正赴考不第羞于回家，亦寻思投靠女贞观庵主即其姑母潘法诚，因而与妙常在女贞观中相识，一日，陈妙常月下弹琴，潘必正爱慕道姑陈妙常的文采风姿，故意以琴曲倾吐心声，试探妙常心意，妙常碍于道姑的身份与礼教，遂回报琴曲婉拒。必正落寞告辞后，妙常卸下心防，禁不住吐露心意，却被躲在门外偷听的必正出声点破，两人心意渐通。潘必正相思成病，妙常与住持来探望，书童进安谎称妙常有治病之方，潘必正信以为真，精神大好，后来才知为进安所诓。陈妙常因见潘必正而心思飘荡，填词【西江月】以寄情思，寐于桌案。适时，潘必正闲步漫游，见妙常放慢半掩，挨身而入，见词中情意尽露，喜不自胜，欲偷取诗文，不慎惊醒妙常。妙常假意恼怒，必正吟出词句，妙常见无法再隐瞒相思情意，遂与必正定下盟约。女贞观主持潘法诚怀疑侄儿潘必正与妙常情意相投，恐破坏佛门清规，于是严厉催促潘必正立即离庵赴试。潘必正虽难舍妙常，但见姑姑如此坚持，无奈之下只好不告而别、黯然而去。陈妙常闻讯赶至江边，见船已行远，只好雇小船追上，两人在江中，诉说相思情意，并互换定情之物，最后依依难舍，含泪离别。尔后，必正得中进士，迎娶妙常，两人一同返乡，与家人团聚，方知妙常即是自幼婚配之陈娇莲。

《玉簪记》，梅兰芳饰陈妙常

第三部分 梅兰芳创编及改编剧目

梅兰芳在一九一三年第一次赴上海演出归来后，编排了时装新戏，这种创新精神，当时受到观众极大欢迎。

《邓霞姑》中饰邓霞姑

《一缕麻》中饰林纫芬

梅兰芳从一九一五年起，编演了大量古装新戏，创造了很多新的艺术表现手法，载歌载舞。这些剧目至今仍受到国内外广大观众的欢迎。

《嫦娥奔月》中饰嫦娥（花镰舞）

《天女散花》中饰天女（长绸舞）

《麻姑献寿》中饰麻姑（盘舞）

《上元夫人》中饰上元夫人（云帚舞）

《洛神》中饰洛神（拂尘舞）

《红线盗盒》中饰红线女（单剑舞）

《木兰从军》中饰花木兰（戟舞）

《霸王别姬》中饰虞姬（双剑舞）

《廉锦枫》中饰廉锦枫（刺蚌舞）

《西施》中饰西施（佾舞、羽舞等）

《太真外传》中饰杨玉环（霓裳舞）

梅兰芳在二十世纪二十年代前，根据名著《红楼梦》编演了三出剧目，这在当时北方是第一次出现红楼戏，给京剧舞台又增添了异彩。

《黛玉葬花》中饰林黛玉

《千金一笑》（又名《晴雯撕扇》）中饰晴雯

《俊袭人》中饰袭人

梅兰芳对一些老剧目或其他剧种的剧目，进行重新创作，在每出戏中都注入许多新的艺术因素，付出了大量创造性劳动，其中有的剧目已成为梅派艺术的精品。

《宇宙锋》中饰赵艳容

《贵妃醉酒》中饰杨玉环

《凤还巢》中饰程雪娥

《抗金兵》中饰梁红玉

《生死恨》中饰韩玉娘

《穆桂英挂帅》中饰穆桂英

《邓霞姑》，梅兰芳饰邓霞姑

剧情简介:

邓某夫妇生有三个女儿，长女云姑守寡，次女雪姑待嫁书生丁某，三女霞姑尚在闺中。邓某亡，妻兄郑某欲谋邓家财产，拟将雪姑另嫁周士普以获取财礼，并欲暗害丁某。霞姑获悉其舅阴谋，助雪姑与丁某出逃。郑某向周家谎报雪姑夭亡，周父到邓家质问，霞姑挺身说出真相，郑某被送官问罪，雪姑与丁某完婚，霞姑嫁与周士普。

这是梅兰芳演出的第三出时装新戏，由路三宝及同戏班的演员集体编剧。梅兰芳饰邓霞姑，于1915年在北京首演。

梅兰芳在《邓霞姑》中塑造了一个善良、机智、富有同情心的少女形象，在表演与唱念上，较前两出时装剧有所提高，自然而不拘紧。在霞姑拖延时间、掩护雪姑从容逃避郑某追赶的场景中，梅兰芳加上了霞姑装疯的表演，把传统戏（如《宇宙锋》）的装疯表演手法现实化，增强了表演的艺术性。由于时装戏中青衣角色的唱白节奏较快，台词中又多白话和新名词，要塑造剧中人物，就必须运用高度的艺术手法并体现时代特征，梅兰芳把握了这点，其精湛的表演博得观众热烈喝彩。此戏最后一场是邓霞姑与周士普举行婚礼，邓霞姑身着新式礼服行三鞠躬礼的文明结婚的场面在当时甚为新颖，开舞台时尚先例。

《邓霞姑》，梅兰芳饰邓霞姑，姚玉芙饰周士普

《邓霞姑》，梅兰芳饰邓霞姑（左右页）

《一缕麻》，梅兰芳饰林纫芬

剧情简介：

清朝末年，林知府把女儿许配给钱道台之子，原是指腹为婚，钱少爷先天呆傻，林小姐入学读书后得知，一直郁郁不乐。当钱家来娶亲时，林小姐誓死不肯上轿。林知府为保全封建体面，劝迫林小姐嫁到钱家。婚后钱小姐患了白喉症，钱家上下怕传染不敢接近她，唯钱少爷日夜伺候在旁。林小姐经过医治病缓，而钱少爷却染白喉死亡。当时林小姐仍在昏迷中，醒来时看见头上有一缕治丧的麻线，问起才知噩耗，遂悲哀绝望而自尽。

这是梅兰芳演出的第四出时装新戏，取材于《小说时报》月刊上登载的悲剧短篇小说，经友人集体讨论后由齐如山编剧（这是齐如山给梅兰芳编写的第一个剧本）。梅兰芳饰小姐林纫芬，于 1915 年在北京首演。此剧上演后反映强烈效果极佳。剧中梅兰芳无论唱、念、做、表，都能紧扣人物与剧情，突破了某些传统的表演程式。他从编演的时装新戏中，提高了他的创新精神，成为“梅派”艺术形成的一个组成部分。

《一缕麻》，梅兰芳饰林纫芬

《一缕麻》，梅兰芳饰林纫芬（左右页）

《一缕麻》，梅兰芳饰林纫芬（左右页）

《嫦娥奔月》，梅兰芳饰嫦娥

剧情简介：

后羿获得的长生仙丹被其妻嫦娥酒醉后吞服，后羿大怒。嫦娥逃入月宫，王母命其掌理广寒宫。中秋之夜，嫦娥与众仙在宫中欢宴。

这是梅兰芳与几位友人共同创编的中秋“应节戏”，也是梅兰芳创演的第一出古装戏，由齐如山依据《淮南子》和《搜神记》的传说写出纲目，李释戡编写台词完成了剧本，梅兰芳饰嫦娥，于 1915 年 10 月在北京吉祥园首演。

梅兰芳在扮相、舞蹈、曲牌等各方面，均耗费了很大的心血。扮相方面，嫦娥入月宫是由人而仙，仙的舞台形象要与人有区别，便借助古代国画中的仕女形象，作古装扮相；舞蹈方面，吸取古代歌舞形式，创造了嫦娥在月宫采花的“花镰舞”和欢宴的“袖舞”，呈现出传统程式难以表现的身段；曲牌方面，鉴于京剧原有板式难尽人意，遂按“南梆子”创作了新歌曲调，达到了情中寓美的意境。这些改革创新，当时曾遭到一些人的反对与讥讽，以为梅兰芳破坏了规矩。梅兰芳并未因此不前，以更大的魄力继续编演多出古装新剧，受到国内外广大观众的欢迎。《嫦娥奔月》开创了古装新戏的道路，流传至今已成为经典剧目。

《嫦娥奔月》，梅兰芳饰嫦娥

《嫦娥奔月》，梅兰芳饰嫦娥（左右页）

《天女散花》，梅兰芳饰天女

剧情简介：

释迦因维摩居士在毗耶离大城现身，有病，命文殊师利率诸菩萨弟子前往问疾。又命天女往散花，以验结习。天女乃离众香国，遍历大千。四沙弥谈法，又侍维摩；文殊与之参禅，天女至乃散花复命。

此剧为梅兰芳首创，梅兰芳饰演天女。梅兰芳偶见古画《散花图》，为画中风带飘逸的仙姿所吸引，遂产生编排一出神话歌舞剧的动议，并商罗瘿公编成剧本，冠名《天女散花》，经数月排练，于 1917 年在北京首演。

剧词多涉佛经，梅兰芳与友人逐字逐句推敲始告完成。在编剧、服装、唱腔、舞蹈等方面，也参考了许多木刻、石刻、雕塑和各种宗教图画资料，与友人研讨后精心设计。

该剧以《云路》和《散花》两折为核心，皆以歌舞为主，唱腔是西皮二簧和昆曲合用；天女的服装去水袖而改用两幅两丈长的绸带，并参照敦煌壁画中“飞天”仙女的舞姿设计舞蹈。梅兰芳以其武功，将两条长袖舞得多姿多彩，使天女如凌空飘扬，非常美观，从而创造出“长绸舞”，为京剧增添了新的艺术表现手法，也使所编演的古装新戏步入了更高的境界。梅兰芳访问日本和美国时，曾演出此剧，受到极大的欢迎。

《天女散花》，梅兰芳饰天女

《天女散花》，梅兰芳饰天女

梅兰芳在美国演出《天女散花》剧照，饰天女

梅兰芳演出《天女散花》舞台照

《天女散花》，梅兰芳饰天女

《天女散花》，梅兰芳饰天女，姚玉芙饰花奴

《麻姑献寿》，梅兰芳饰麻姑

剧情简介：

王母娘娘寿诞时，八洞神仙前去祝寿，四位花仙子特邀麻姑同往欢宴。

这是齐如山等人截取清代杂剧《调元乐》中部分情节改编成以歌舞为主的古装新戏，于1918年秋在北京吉祥园首演。

此剧是歌舞剧。梅兰芳为使剧中角色的舞蹈动作更加美观，对传统的服装进行了改革，把水袖加长，表演时美不胜收，被人们称为“袖舞”。同时他在剧中还创编了“杯盘舞”，也极为精彩。

顾名思义，《麻姑献寿》的场景喜庆欢乐，适应面广，故往往也作为祝寿的堂会戏经常演出。1930年梅兰芳在美国曾演出此剧的片断“杯盘舞”，亦极受欢迎。

《麻姑献寿》，梅兰芳饰麻姑

《麻姑献寿》，梅兰芳饰麻姑（左右页）

《上元夫人》，梅兰芳饰上元夫人

剧情简介：

汉武帝好求仙访道，在承华殿与董仲舒、东方朔言及仙家极为倾慕。忽有仙女现身，武帝乃于别殿斋戒沐浴，再拜祈祷。西王母见其果系意诚，乃使郭密香、阮凌华、董双成、许飞琼等四仙女同上元夫人下凡，在宫中与武帝相见。上元夫人领四仙女且歌且舞，舞罢腾空而去。

《上元夫人》虽为一出应节小戏，但以其唱、舞兼备的艺术布局和强大的演员阵容，而备受欢迎，是梅兰芳在喜群社颇能叫座的剧目之一。

京剧原有演“应节戏”的传统，民初之际北京各班的“应节戏”仍很红火，一时传统的、新编的“应节戏”不断涌现，异彩纷呈。年为应上元节（阴历正月十五日）又编出了《上元夫人》，仍是一出古装新戏。齐如山编剧，取材于《汉武帝外传》，演西天王母感汉武帝求仙虔诚，特遣上元夫人下凡相会。梅兰芳在《降临汉宫》一场，有精心设计：先为法婴引路的“兽形舞”；继之是四仙女歌舞；再为上元夫人的“拂尘独舞”；最后是四仙女伴上元夫人共舞。如此火炽的舞蹈场面，皆配昆曲为歌，典雅绚丽，如花似锦。同时戏中还为上元夫人、王母、汉武帝安排了各自的唱段，使戏更具多方面的欣赏性。

《上元夫人》舞台照，梅兰芳饰上元夫人（坐左）

《洛神》，梅兰芳饰洛神

剧情简介：

曹子建受封为王，奉命就国。曹丕以金带枕赐之。归途中夜宿馆驿，梦见洛川神女，衣装华丽，约于次日在洛川相会，届时子建如约前往，果见洛神，二人互致倾慕之意，语不涉邪，交谈甚久，尽欢而散。

这是李释戡根据曹植所著《洛神赋》改编的京剧。梅兰芳于1923年11月在北京首演。

《洛神》主要表现一对青年恋人对幸福生活的热烈向往和在封建社会中“想爱而不能爱”的矛盾心理，情节简单而艺术手法复杂。梅兰芳以严肃的创作态度，深入挖掘了积极的主题思想，着重刻画了洛神美丽善良的性格，所饰洛神雍容华贵、仪态万千、光彩照人，使剧中人物有别于传统戏中的“才子佳人”。

《洛神》一搬上舞台即受到了广大观众的喜爱。经长期的舞台实践，梅兰芳在舞蹈和唱腔设计上，均进行了卓越的创造，更不断以自己新的感受，丰富了洛神的形象。

《洛神》是一出古典歌舞剧，也是一首抒情的诗、一幅优美的画。1956年拍摄成舞台艺术片时，梅兰芳对此剧适当简化了情节，压缩了场次，使结构更加紧凑，符合电影艺术的特点。

《洛神》，梅兰芳饰洛神

《洛神》，梅兰芳饰洛神（左右页）

《洛神》，梅兰芳饰洛神，姜妙香饰曹子建（左右页）

梅兰芳演《洛神》舞台照

《洛神》，梅兰芳饰洛神

《红线盗盒》，梅兰芳饰红线女

剧情简介：

魏博节度使田承嗣欲吞并潞州节度使薛嵩之地，薛嵩甚为忧虑。薛嵩侍儿红线有剑术，自告奋勇往田承嗣处探听，给予警告。值田承嗣睡卧，红线欲行刺，后改盗田承嗣金盒而返。田承嗣遣兵追之，又为红线所败。红线献盒于薛嵩，薛嵩乃修函附盒还与田承嗣。田承嗣大惊，知薛嵩部有强将，非敌手，乃与薛嵩修好。

1918年首演。此剧由昆曲改为京剧古装戏，在头饰、服装、化妆方面进行改革。梅兰芳为充分展示剧中这位剑术超人并有乘风破浪之能的侠女形象，运用了特殊的表现手段。在红线女乘风驾云前往盗盒途中的表演中，梅兰芳专门设计了“乘风”身段和“单剑舞”，剑随身走，旋转如飞，极富观赏性。

早期昆曲《红线盗盒》，梅兰芳饰红线女

梅兰芳演《红线盗盒》舞台照

《红线盗盒》，梅兰芳饰红线女

梅兰芳演《红线盗盒》舞台照

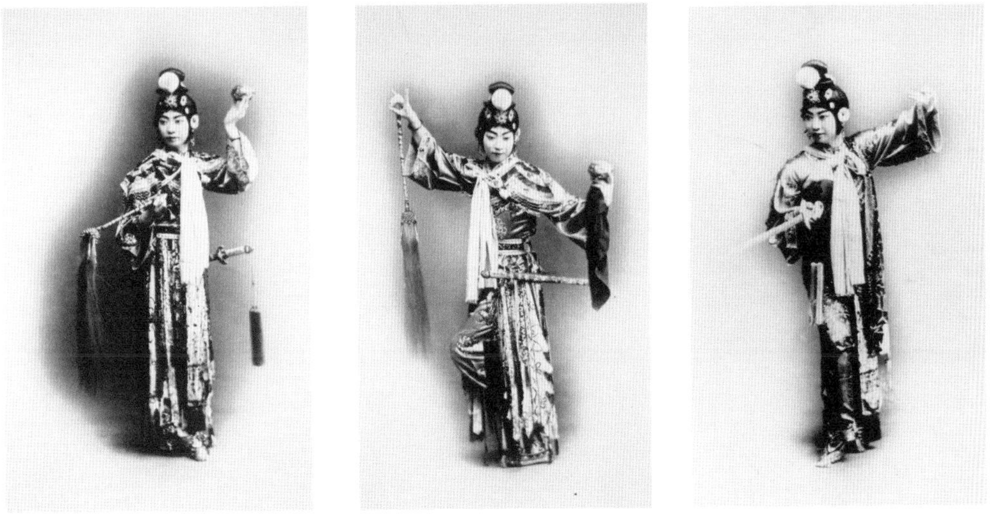

《红线盗盒》，梅兰芳饰红线女

《木兰从军》，梅兰芳饰花木兰

剧情简介：

北朝时期，边关告急，朝廷招兵御敌。花木兰因父亲年老，决定女扮男装替父从军，由于英勇善战，三年之后被提为校尉。刘元度与她志趣相投，结为莫逆之交。番主准备暗袭边关，派两名番将诈降，以重金买通元帅军师。木兰见阵前群鸟惊飞，知道番军必有重大行动。诈降番将纵火被捉，供出军师通敌实情。元帅杀死军师和番将，不幸被另一番将暗箭射中。元帅临终保举木兰接任元帅一职，木兰打败番军。朝廷论功行赏，木兰辞官返乡，恢复女装，与元度结为夫妻。

1917 年首演。梅兰芳在剧首剧尾的扮相是少女，用小旦唱腔；在剧的中段改扮披甲兵士，用小生唱腔；在《投军》一场运用了“鞭卦子”程式；在巡营一场则扎硬靠表演“戟舞”，充分表现了花木兰的英雄气概。“戟舞”是梅兰芳根据剧情需要创编的。

《木兰从军》，梅兰芳饰花木兰

《木兰从军》，梅兰芳饰花木兰（左右页）

《霸王别姬》，梅兰芳饰虞姬

剧情简介：

秦末，楚汉相争，韩信命李左车诈降项羽，诓项羽进兵。在九里山十面埋伏，将项羽困于垓下。项羽突围不出，又听得四面楚歌，疑楚军尽已降汉，在营中与虞姬饮酒作别。虞姬自刎，项羽杀出重围，迷路，至乌江，感到无面目见江东父老，自刎江边。

此剧一名《九里山》，又名《楚汉争》《亡乌江》《十面埋伏》。清逸居士根据昆曲《千金记》和《史记·项羽本纪》编写而成。总共四本。1922年2月15日，与杨小楼合作首演。齐如山、吴震修对《楚汉争》进行修改，更名为《霸王别姬》。梅兰芳在剧中创编了一套“双剑”舞。他的表演非常细腻精炼，力避卖弄功夫技巧，深化体现人物感情，剑术与音乐和谐，舞蹈同唱腔一致，层次分明，造型优美，如泣如诉，悲壮惨烈，使人回味长叹。此剧是梅派最具代表性的名剧之一，广传后世。

《霸王别姬》，梅兰芳饰虞姬

《霸王别姬》，梅兰芳饰虞姬（左右页）

《霸王别姬》，梅兰芳饰虞姬（左右页）

《霸王别姬》，梅兰芳饰虞姬（左右页）

《霸王别姬》，梅兰芳饰虞姬

梅兰芳一生曾演出过数百次《霸王别姬》，先后有七名演员饰项羽。（左上）杨小楼、（右上）刘连荣、（左下）袁世海、（右下）金少山

《霸王别姬》，梅兰芳饰虞姬，刘连荣饰项羽

《霸王别姬》，梅兰芳饰虞姬，杨小楼饰项羽

《霸王别姬》，梅兰芳饰虞姬

梅兰芳演《霸王别姬》舞台照

《廉锦枫》，梅兰芳饰廉锦枫

剧情简介：

廉锦枫本是一个孝女，岭南人氏，因地方发生乱事，流落到海外君子国。她的母亲梁氏多病，要常吃海参。但是家中贫寒，无钱购买。廉锦枫特地学习游泳，沉入海中捕捉，供母食用。有一天在海中被邻国的渔人网去，不肯放回，幸而遇见中国飘洋的客人唐敖、林之洋、多九公走到此间，才将廉锦枫救出，送还家中。廉锦枫遭此危险，并不惧怯，仍要入海捕参。既到海中，突遇见一个大蚌精，和她争斗，她便拔出宝剑抵御，终将蚌精杀死，取得许多大珠，送给唐敖等，报答他们的救命之恩。

这出戏取材于小说《镜花缘》中某些章节，由齐如山编剧。梅兰芳饰廉锦枫，于 1923 年 11 月在北京真光剧场首演。

梅兰芳的古装新戏，可说是无戏不舞。但《廉锦枫》的情节不适合安排完整的舞蹈场面，梅兰芳便在廉锦枫“入海”和在“海”中与“巨蚌”搏斗两段中，精心设计了舞蹈化的身段，边唱边舞，故此剧仍具歌舞之妙。

梅兰芳 1924 年第二次访日时，曾应邀到宝冢电影厂拍摄两出戏的精彩片断（无声黑白片），其中就有《廉锦枫》“刺蚌”一场。

《廉锦枫》，梅兰芳饰廉锦枫

《廉锦枫》，梅兰芳饰廉锦枫（左右页）

《西施》，梅兰芳饰西施

剧情简介：

吴王夫差灭越，越王勾践用范蠡之计，在苎萝村访得美女西施，献于夫差。夫差被惑，伍员谏阻不成反被杀。夫差沉迷酒色，国事日益败坏，终被越所灭。范蠡功成身退，弃官隐居，与西施同泛五湖。

罗瘿公编，梅兰芳首演于1923年9月8日。为了丰富乐队的表现能力，梅兰芳首创在此剧伴奏乐器中加了二胡。原分上、下二本，后改为一晚演完。

这是梅兰芳所创编古装新戏中由神话传说转向历史题材的一部开拓性佳作，也是一出唱做并重的剧目，其中设有舞蹈场面。在“馆娃宫”一场，梅兰芳取商周之“佾”设计了“佾舞”；“西施”与“旋波”双人共舞，舞时持羽和执笛，故称“羽舞”和“笛舞”，极具古韵。《西施》后为梅派经典剧目之一。

《西施》，梅兰芳饰西施

《西施》，梅兰芳饰西施（左右页）

《西施》，梅兰芳饰西施，朱桂芳饰旋波

梅兰芳演《西施》舞台照

《太真外传》（共四本），梅兰芳饰杨玉环
剧情简介：

唐明皇因惠妃夭折，梅妃染病，佳丽难在，郁郁寡欢。唐玄宗到太真宫拈香惊艳，邂逅道姑杨玉环。杨玉环初见唐玄宗时，衣道士服，号太真。遂纳入后宫，册封贵妃。杨贵妃色艺倾国，深受宠爱，杨家兄弟姐妹亦因其荫，受封赐爵。因杨贵妃爱吃荔枝，玄宗敕各省贡荔枝。七夕之夜，杨玉环得玄宗赐浴华清池，二人到长生殿乞巧盟誓，共誓君妃情笃、永世和谐。玄宗终日沉湎酒色。贵妃诞辰，欢宴骊宫，翠盘艳舞，赢得君王擂鼓助兴。终于，安禄山造反，玄宗携玉环逃，移驾幸蜀，途经马嵬坡，将士怒杀杨兄杨国忠，并请杀玉环。玄宗无奈，赐白绫命其自缢。后战乱既平，移师回銮，池苑依旧，物是人非，玄宗昼夜思念，广求方士搜寻玉环魂魄，果得玉环于海上仙山，与玉环梦中相会。

1925~1926年首演。全剧歌舞并重。在第四本“霓裳舞盘”一折中，梅兰芳特别设计了一套“霓裳衣舞”，舞台上放置一高足大盘，“杨玉环”在高盘中边唱边舞，高盘下众童伴舞，场面宏大热烈。这种大型舞蹈在传统戏中未有，在梅兰芳编演的古装新戏中也不多见，值得后人研究。

《太真外传》，梅兰芳饰杨玉环

《太真外传》，梅兰芳饰杨玉环（左右页）

《太真外传》，梅兰芳饰杨玉环（左右页）

《太真外传》，梅兰芳饰杨玉环（左右页）

《太真外传》，梅兰芳饰杨玉环

梅兰芳演《太真外传》舞台照

《黛玉葬花》，梅兰芳饰林黛玉
剧情简介：

黛玉夜访贾宝玉，丫鬟恶语相对，拒不开门。林黛玉疑是贾宝玉故意不见，很懊恼。次日，见园中落花无主，乃荷锄葬花，并赋《葬花词》，以遣愁思。贾宝玉适至，表明心迹，二人又言归于好。

此戏取材于名著《红楼梦》第二十三回（《西厢记妙词通戏语，牡丹亭艳曲警芳心》），并结合“黛玉泣残红”中的情节，由齐如山撰写提纲、李释戡编写台词，罗瘿公等参与完成剧本，经集体修改和排练，于1916年初在北京吉祥园首演，梅兰芳饰林黛玉。

这是梅兰芳演出的第一出“红楼”戏，用了两个月的时间精心排练，凡剧本、服装、道具、布景、电光等都一一处置妥当。《红楼梦》是广大群众熟知的文学作品，故必须把剧中主要人物林黛玉的性格和内心世界表现出来，观众才能认可。为切入主题，梅兰芳根据原著本意，在表演中淡化林黛玉的弱不禁风和多愁善感，突出刻画黛玉与没落封建大家族格格不入的孤傲倔强，着意表达其深受封建礼教压抑束缚而无法排遣的苦闷和试图挣断枷锁、向往幸福婚姻的思绪。因此，梅兰芳在剧中塑造的林黛玉与文学名著中的林黛玉高度神似，是曹雪芹笔下的人物在舞台上的重现，显示出深邃的艺术魅力。整出戏展现了优美的意境，宛如一首清丽哀怨的抒情诗，不仅蕴含着丰富的思想，而且闪烁着青春的光芒。

梅兰芳在《黛玉葬花》中塑造的淡雅而富有诗意的林黛玉形象，不仅受到了广大观众的欢迎，而且得到诗人和画家的赞赏，一度成为诗人赋诗、画家作画的构思摹本。

《黛玉葬花》，梅兰芳饰林黛玉

《黛玉葬花》，梅兰芳饰林黛玉（左右页）

《黛玉葬花》，梅兰芳饰林黛玉，姜妙香饰贾宝玉

《黛玉葬花》，梅兰芳与王蕙芳合拍

《黛玉葬花》，梅兰芳饰林黛玉（左右页）

《千金一笑》（又名《晴雯撕扇》），梅兰芳饰晴雯

剧情简介：

怡红院丫环袭人、晴雯方与玉官等嬉戏，不料此时宝玉冒雨而归，叩门良久，袭人始闻声启关。宝玉露立雨中，怒不可遏，见有人开门，竟举足踢之。乃知为袭人，悔已无及。次日宝玉更衣，晴雯又坠毁一扇。宝玉以言责之，讵知晴雯亦因与麝月、秋纹斗气，余怒未消，乃反唇相讥。正吵闹间，林黛玉前来，纠纷始解。宝玉应薛蟠邀出外宴饮。晴雯独坐伤感，不觉和衣闷卧榻上，宝玉归以为袭人，就榻上抚之。晴雯觉，起身欲遁，宝玉急挽谢过，并以手中折扇付晴雯，听其撕毁，以搏一笑。

这是梅兰芳与友人集体编排的，也是他演出的第二出“红楼”戏，于1916年在北京首演，梅兰芳饰晴雯，姜妙香饰贾宝玉，姚玉芙饰袭人。

此剧由《红楼梦》第三十一回（《撕扇子作千金一笑》）改编，因故事发生于端阳节，在端阳节演出，也算是应节戏。

梅兰芳所演的古装戏都是歌舞并重，《千金一笑》也不例外。梅兰芳善于把握剧情发展的主要关节，围绕一把扇子编排舞蹈，使全剧盘活。如，宝玉叫晴雯取扇时应是晚间，梅兰芳在这折戏中编创了以扇扑萤的“扑萤舞”，不仅身段轻盈飘逸，极富美感，而且明白无误地展示了时空场景，显示了京剧虚拟手法的无穷魅力。因晴雯的身份、性格与林黛玉截然不同，故梅兰芳在此剧中饰演的丫环晴雯，无论头饰、服装、身段和神态，都与在《黛玉葬花》中所饰林黛玉的扮相迥异，体现了梅兰芳戏路的广阔和功底的深厚。

在梅兰芳编演的古装戏中，比较起来这出戏唱的次数较少。

《千金一笑》，梅兰芳饰晴雯

《千金一笑》，梅兰芳饰晴雯（左右页）

《千金一笑》，梅兰芳饰晴雯（上下图）

《千金一笑》，梅兰芳饰晴雯，姜妙香饰贾宝玉，姚玉芙饰袭人（上下图）

《俊袭人》，梅兰芳饰袭人

剧情简介：

袭人劝宝玉少在黛玉、湘云房中玩耍和梳洗，宝玉不以为然，袭人假做娇嗔，二人互不答话，各自看书至晚和衣而眠。次日天明，宝玉已忘昨日之事，两人和好如常，倍添欢笑。

这是齐如山根据小说《红楼梦》第二十一回“俊袭人娇嗔箴宝玉”的主要情节，为梅兰芳改编的第三出红楼戏。

《俊袭人》是一出别开生面的独幕京剧，也是改革旧京剧的创新实验。梅兰芳饰丫环袭人，于1927年在北京开明戏院首演。梅兰芳在此剧中有独创的唱段，受到热烈欢迎。

此剧场景优美，布景按《红楼梦》所述“怡红院”的内外布局设计，极为精致优雅，富丽堂皇。后因布景道具繁多不易装台而很少演出。

《俊袭人》，梅兰芳饰袭人

梅兰芳演《俊袭人》舞台照。（左右页）

《宇宙锋》，梅兰芳饰赵艳容
剧情简介：

秦二世时，赵高、匡洪一殿为臣且是儿女亲家。赵高专权，匡洪不满。赵高遣人盗匡家所藏“宇宙锋”宝剑，后持剑行刺二世以嫁祸。二世震怒，抄斩匡门。匡洪子匡扶逃，其妻赵艳容回赵家独居。秦二世胡亥见艳容貌美，欲立为嫔妃。艳容既恨父亲诬陷匡家，又恨二世荒淫无道，断然拒绝。在使女哑奴（有剧为哑乳娘）的帮助下，赵艳容假装疯癫，以抗强暴。

此戏为启蒙老师吴菱仙所教。这出戏梅兰芳非常喜欢，可当年观众不爱看，被视为“冷戏”。1923 年梅兰芳从名净李寿山手中得到了一套全本《宇宙锋》的抄本，经修改整理后排演成一出故事起伏、人物完整的大戏。在演出实践中，梅兰芳及其友人均感到“金殿”一场已达高潮，下场戏沉冗而无精彩之处，演下去使演员和观众都疲劳。因此，梅兰芳决定只演“修本”和“金殿”两场，突出赵女在遭受迫害的情况下装疯戏弄赵高、嘲骂皇帝的反抗精神。

《宇宙锋》重点围绕赵女的“疯”态进行表演。赵女的疯在赵高和秦二世眼中是真疯，而在观众的眼中却是装疯。这种复杂的表演，梅兰芳能恰到好处地把握住，达到了双重效果。

梅兰芳对饰演赵艳容付出了辛勤的劳动，对于角色的眼神、表情、唱腔、身段和手势等方面都经过不断修改和提炼，使赵女的形象更加鲜明突出。

《宇宙锋》是梅兰芳从青年到晚年最有代表性的保留剧目之一，也是梅兰芳下功夫最深的一出戏。他在晚年仍经常演出此剧。

《宇宙锋》，梅兰芳饰赵艳容

《宇宙锋》，梅兰芳饰赵艳容

《宇宙锋》，梅兰芳饰赵艳容，刘连荣饰赵高

《宇宙锋》，梅兰芳饰赵艳容

《宇宙锋》，梅兰芳饰赵艳容，刘连荣饰赵高，朱桂芳饰哑奴

梅兰芳演《宇宙锋》舞台照

《贵妃醉酒》，梅兰芳饰杨玉环

剧情简介：

唐玄宗先一日与杨贵妃约，命其设宴百花亭，同往赏花饮酒。至次日，杨贵妃遂先赴百花亭，备齐御筵候驾，孰意迟待移进，唐玄宗车驾竟不至。乃忽报皇帝已幸江妃宫，杨贵妃闻讯，十分懊恼。遂使万种情怀，一时竟难排遣，加以酒入愁肠，三杯亦醉，与高力士、裴力士二太监，作种种醉态，乃始倦极回宫。

清代康熙、乾隆年间盛行“弦索调”，即有《醉杨妃》剧目。光绪初年，汉剧《醉杨妃》移入京剧舞台，改名为《贵妃醉酒》。梅兰芳请路三宝教授此剧，在剧中饰杨玉环，于 1914 年在北京天乐园演出。

《贵妃醉酒》是一出载歌载舞的单折歌舞剧。传统演出，由“花旦”扮演杨玉环，并要“踩跷”上场，围绕“贵妃”酒后的醉态做戏，表演过火不免庸俗。梅兰芳对传统的演出方式进行了多方面的改革。首先改以“花衫”行当的演法，不“踩跷”，精心设计了“下腰”、“卧鱼”、“醉步”、“扇舞”等各种做功十分繁重的身段和步法，把杨贵妃演得既美艳娇柔，又仪态端庄。梅兰芳以其深厚的艺术功力和精益求精的认真态度，对每个动作都做得非常准确，造型极美，使广大观众享受到美的艺术。同时，他对此剧的传统唱词也进行了修改，透过“贵妃”的唱白，充分表达出受封建帝王压迫的宫廷女性的内心情感，赋予此剧新的思想内涵。通过不断的改进，《贵妃醉酒》成为经典剧目，久演不衰。

梅兰芳年过花甲仍在北京吉祥戏院等处演出此剧，并在数次出国演出中，将此精华艺术献给世界人民。

《贵妃醉酒》，梅兰芳饰杨玉环

《贵妃醉酒》，梅兰芳饰杨玉环（左右页）

《贵妃醉酒》，梅兰芳饰杨玉环（左右页）

《贵妃醉酒》，梅兰芳饰杨玉环

梅兰芳演《贵妃醉酒》舞台照

《凤还巢》，（又名《丑配》）梅兰芳饰程雪娥

剧情简介：

明朝末年，侍郎程浦告老还乡。生有二女：夫人生女程雪雁，貌奇丑；次女程雪娥为侧室所生，美貌聪明，程爱如掌上明珠。程夫人为貌丑亲女雪雁定下夺夫大计，穆居易讨贼有功获元帅替其与娥完婚，易勉为其难进入新房，却见娥貌美如花，始知将雁错认为娥，误会一场，二人喜成佳偶。

此戏由齐如山根据清宫藏本《循环序》编剧。于 1929 年 4 月在北京中和戏院首演。

《凤还巢》全剧情节巧妙，是一出充满风趣的轻喜剧。戏中行当齐全，当时是难得一见的新鲜“群戏”，受到观众盛赞。后来成为梅派有代表性的剧目之一，久演不衰。诸多梅派弟子和梅派演员也都精心学演此戏。

梅兰芳在《凤还巢》中以传统的扮相塑造了纯情少女程雪娥的艺术形象，表演传神，唱腔流畅，充分体现了大家闺秀端庄丽雅的风度。

京剧表演艺术的眼神有远望、近看、偷觑、凝视等等，梅兰芳在眼神的运用上特别注意“神不离法，法不离神”。在《凤还巢》中，程雪娥偷觑穆居易，那回眸一笑，那含情脉脉的眼神，都被梅兰芳表现得淋漓尽致，加上配合轻盈柔美的身段，把剧中人物的心情和形象鲜明生动地显示出来，充分体现了梅派表演艺术中“神”、“味”、“美”的特色。

《凤还巢》，梅兰芳饰程雪娥

《凤还巢》，梅兰芳饰程雪娥（左右页）

《凤还巢》，梅兰芳饰程雪娥，姜妙香饰穆居易

梅兰芳演出《凤还巢》后全体演员谢幕，同台的有萧长华、姜妙香、王少亭、刘连荣、朱斌仙、李春林、耿世华

梅兰芳演《凤还巢》舞台照

《抗金兵》(又名《战金山》《娘子军》《黄天荡》),梅兰芳饰梁红玉剧情简介:

金兀术侵宋,韩世忠守润州,与梁红玉共议抗金;并约邻镇张俊、刘锜合兵。梁山后代阮良、费保、高青等亦投军助战。及交战于金山江上,梁红玉擂鼓助阵,与韩世忠率二子合兵大败金兵。宋兵王达又诱引兀术入黄天荡,韩、梁合围。

“九一八”事变后,梅兰芳于1932年举家南迁上海。面对日寇入侵,梅兰芳忧国忧民,决心以戏剧为武器来鼓舞人民的抗日斗志,遂激发了排演新戏的强烈愿望。梅兰芳根据好友叶恭绰的提议,会同有关专家,将传统剧《娘子军》改编为《抗金兵》,梅兰芳饰梁红玉。《抗金兵》仍以梁红玉擂鼓战金山、金兀术被困黄天荡为中心,前后增加了一些情节,构成一部主题鲜明、场面宏伟的大戏。梁红玉首场梳大头、穿绣帔,全是夫人气概;后场则扎大靠、插雉尾,一派大将风度。梅兰芳在戏中展现了唱念、起霸、击鼓和武打,达到了唱念做打的全面发挥。与之合作的演员,也多有精彩的表演,因此这是一出众星同辉的大“群戏”。此剧于1933年在上海天蟾舞台首演,并连连演出,场场爆满,使观众群情激荡,为上海的抗敌戏剧运动增添了重彩。

1951年梅兰芳去汉口重排《抗金兵》(时值抗美援朝),对剧情作了一些修改。在排练中还有一段小插曲:因多年未演此戏,梅兰芳恐擂的鼓点力量不匀,必须复习,但又怕真打堂鼓吵得四邻不安。于是就用两根鼓槌击打大腿,找回真击鼓的感觉来。梅兰芳年近花甲,又赶上夏天炎热,如此练习肯定要吃大苦的,可见梅兰芳对艺术的追求是多么刻苦认真,成就得来是多么的不易。

《抗金兵》，梅兰芳饰梁红玉

《抗金兵》，梅兰芳饰梁红玉（左右页）

梁

梁
梁

《抗金兵》，梅兰芳饰梁红玉

《抗金兵》舞台照，梅兰芳饰梁红玉，刘连荣饰韩世昌

《抗金兵》，梅兰芳饰梁红玉

《生死恨》，梅兰芳饰韩玉娘

剧情简介：

金兵南犯，程鹏举与韩玉娘先后被金将张万户掳去为奴，且强令二人婚配。婚后，韩玉娘力劝程鹏举逃回故里。事泄，张万户将韩玉娘转卖，并将程鹏举赶出。程慌乱中将一只鞋遗落，被韩玉娘拾起收存。程鹏举携自绘的军事地图投奔抗金元帅宗泽，宗泽得图，如虎添翼，一举将张万户击溃。程鹏举升任襄阳太守，因思念玉娘心切，派家将赵寻携带包袱以鞋为证，往原地寻访时韩玉娘几经转卖，历尽磨难，寄居于义母李氏家中。赵寻遍访不得，只得复命。岂料在返襄途中与韩玉娘巧遇，玉娘见鞋，悲痛万分，突发重病。鹏举闻讯赶来，玉娘已卧床不起，夫妻相会，抱头痛哭，玉娘一恸而终夫妻遂成永诀。

此戏由传奇小说改编，原名《易鞋记》，后改为《生死恨》。剧本先由齐如山执笔，经梅兰芳和许姬传等人反复研究，后由许从另一角度重写。梅兰芳在戏中饰韩玉娘，经过排练，于 1934 年 2 月在上海天蟾舞台首演。

《生死恨》的剧情一反以大团圆为结局的传统套路，改以一死一生的悲剧形式结尾，表面说的是宋末战乱中的故事，实际暗示当时沦陷区人民在日寇刺刀下的痛苦生活。梅兰芳等人设想，这出戏可能会引起观众抗敌救亡的联想和共鸣。演出果然场场爆满，收到预期的效果。

在《生死恨》中，梅兰芳与琴师徐兰沅、王少卿共同创制了扣人心弦的新腔，他运用声情交融的唱工塑造了韩玉娘这一悲剧人物，具有很强的表现力。特别是在《夜织》一场，梅兰芳唱的大段二黄以别具一格的板式组合，行腔跌宕，表达了韩玉娘的凄楚之情。舞台美术设计上，置一架纺车、一盏孤灯、一张素桌（围以白帔），韩玉娘身着“富贵衣”，既衬托场景的悲惨，又使台面清新淡雅。这是梅兰芳的得意之作。

1948 年，我国电影导演费穆邀请梅兰芳原班人马拍摄《生死恨》（这是我国第一部彩色的戏曲片），成立了以摄制此片为主的华艺公司，6 月开机，11 月完成制作。限于当时的摄制条件，成片效果特别是色彩音响方面不太理想，使梅兰芳大失所望。

《生死恨》，梅兰芳饰韩玉娘

《生死恨》，梅兰芳饰韩玉娘（左右页）

《生死恨》，梅兰芳饰韩玉娘，姜妙香饰程鹏举

梅兰芳演《生死恨》舞台照，饰韩玉娘

《穆桂英挂帅》，梅兰芳饰穆桂英

剧情简介：

杨家将屡次率兵击溃外来侵略军，保住了大宋江山，天下太平。杨家将孙媳穆桂英随佘太君辞官还乡，安居20载，又遇了东安王造反，佘太君关心国家安危，命重孙杨文广、杨金花兄妹赴汴京探听消息。

适逢宋王在校场上选拔将才，奸臣王强之子王伦，武艺平庸，却气焰万分，王强向宋王力保王伦为元帅，杨文广兄妹不服，冲进校场，与王伦比武，刀劈王伦。

宋王原先以为杨家已绝后，正苦于无人领兵平乱，今见杨家还有这武艺高强的杨文广，并得知女英雄穆桂英尚健在，便将帅印交给杨文广，封穆桂英为征东大元帅。

杨文广兄妹携印回家，穆桂英见帅印感慨万分，想杨家世世代代为国尽忠，穿破了无数铁甲，磨坏了多少鞍镫，在沙场上冲锋陷阵，保宋数十载，牺牲了多少英雄好汉，更恨宋王昏庸，奸臣当道，故迟迟不肯接印。佘太君见穆桂英犹豫，说了卫国安民的道理，并要亲自带兵去平番，穆桂英见白发如银的佘太君还有当年勇，难道自己就没有了当年的威风？便决意重整旗鼓，发兵剿灭反寇。

辕门外三声炮响，穆桂英披上了铁甲，威风凛凛，在天波府调兵遣将，斥训了杨文广骄傲轻敌，整顿军风。佘太君亲到校场饯别。瞬时金鼓震天，旌旗蔽日，杨家老小英雄个个精神抖擞，气概昂扬，穆桂英率领大军，浩浩荡荡，向边塞进发。

这是梅兰芳为建国十周年大庆献礼的节目，也是解放后排演的第一出新戏。这个剧目原为豫剧，评剧也演，其主题是体现宋代杨家众女将的爱国主义精神。梅兰芳观看马金凤所演豫剧《穆桂英挂帅》后，为穆桂英老当益壮的英雄气概所感动，于是决定把此剧移植为京剧，请陆静岩、袁韵宜编剧，并请郑亦秋出任导演，在中国京剧院排练。这是梅兰芳实行正规导演制所排演的第一出，也是他排演的最后一出戏。

梅兰芳所饰角色是京剧舞台上从未有过的老年穆桂英，需融青衣和刀马旦为一体，极吃功力。梅兰芳当时虽然年过花甲，由于对穆桂英的性格掌握得非常准确，故在《乡居》《捧印》和《发兵》各场中，不论是身空穿团花红装绣帔，还是扎靠披蟒插翎子，唱做均端庄娴静、豪迈威武、沉稳凝重、一派英姿，震撼人心，真正塑造出光辉夺目的艺术形象，是梅派艺术峰巅的经典之作。

首演时，梅兰芳之子梅葆玖饰杨文广（旦角特改扮小生）；之女梅葆玥饰杨金花（老生特改扮旦角），以取台上台下都是亲儿女之意，一时传为佳话。

1961年5月31日，梅兰芳在中国科学院为科学家们演出了《穆桂英挂帅》，这是他在舞台生涯中的最后一次演出。两个月后，一代宗师不幸病逝。

《穆桂英挂帅》，梅兰芳饰穆桂英

《穆桂英挂帅》，梅兰芳饰穆桂英

梅兰芳演《穆桂英挂帅》舞台照

身 段

我国戏曲表演中每个角色的动作，也就是身段，是很重要的。京剧原理要求处处避免写实，事事都要用美术化的方式来表现，有一定的传统表演程式规矩，戏中的所有动作都要美观，不能像平时那样，且须有板有眼，符合舞蹈的性质。因此，无论行动坐卧，处处都有特别的规定，手一指，腿一抬，眼一看，耳一听等等都不能随便做出姿势。快板有快板的举动，慢板有慢板的举动，一举一动不但必须合乎节拍，而且必须力求美观。如果动作像平时一样过真过实，便无美术可言，而一旦走板离拍就更不符合规矩了。

梅兰芳的身段则注意避免平真的问题，处处采用美术化的方式提炼动作。他的姿势优美是举世闻名的，而且所有动作都能丝毫不差地与急缓疾徐的音乐腔调合拍。在每出戏中，梅兰芳都遵循规矩，并根据对剧情的体会，准确地运用各种身段技巧表现剧中人物的思想情感。他的动作或刚健，或婀娜，或方正，或圆和，文不温，武不躁，静中寓动，动中寓静，处处以美术化的表现手法将剧中人物活生生地展现在观众面前。

当年戏剧家齐如山拍摄了梅兰芳扮演不同旦角的基本姿势及服饰的照片，并以文字说明其区别。现将《梅兰芳艺术一斑》中十二种姿势原照列后，分别解说。

坐式

旦角穿“蟒”坐式，一定不能正坐，腰要直，身体须稍偏并稍往前倾；左手按在腹部右边，右手按在左手之上，两肘稍往外张；两腿两脚并拢，两膝稍后移，一脚尖紧靠另一脚心，或一脚斜靠于另一脚之后。

穿“帔”坐式大致与穿“蟒”相同。只是两肘须稍稍收敛，两脚要前后紧靠。

穿“褶子”坐式也与穿“蟒”基本相同。身体还可稍偏，腰则稍软。两肘要紧靠腰间。两脚也须前后紧靠，有时可稍往前伸，脚尖须将裙边挑起，但不要露脚。

穿“靠”坐式要求身体比较正，但不可太正，腰要直，肩要圆，两手按在胯间，肘要张，两腿也须紧靠。

立式

旦角穿“蟒”立式，对单人出场正立而言，身体须稍偏，与戏台正前方成十余度斜角。左手按于腹部右侧，右手按于左手之上并稍偏右。因穿“蟒”必佩玉带，故两肘须往外张，应防止两肘与玉带相连而使姿势不美。如在武戏中披“蟒”，则右手须始终端起玉带。两腿要紧靠，一脚尖靠于另一脚心，两脚一定不能平立。出场如面对、斜对或背对其他角色时，则不受方向限制。

穿“帔”时，身体可再稍偏，与戏台正前方成二十余度斜角。两手姿势仍如穿“蟒”那样，但要稍往下，而且两肘要稍稍收敛。“帔”下垂较直，如裙子也直，便显得周身垂直而僵硬，因此应视剧情需要有所变化，有时可用一脚跟将裙子往后趟起，或用一脚尖往前支起，以显示衣裙波纹起伏而姿势生动美观。

穿“褶子”时，身体方向与穿“帔”相似。只是两肘须紧抱，两手稍往上。两脚则一前一后，也须紧靠，有时也可用后脚脚跟将裙子稍微支起，方为美观。

卧式

戏中无论什么角色，表演睡眠时一般都不许躺卧，因为躺卧太近写实而不美。只有花旦在踩跷表演时偶尔为之，其状如同真的躺卧举动，已出规矩之外。旦角表演睡眠时，应坐在椅子上。如身前有桌子，则身体要稍往前倾，头微低；将一臂的肘部靠在桌面上，前臂向上弯曲，手指托住腮；另一手放在腹部，身体稍稍向支撑手臂的一侧倾斜；两腿紧靠，两脚一稍前一稍后。如身前无桌，身体要往左或往右稍靠，仍用一手托腮，另一手稍扶托腮手臂的肘部；其余身段与有桌的情况相同。

望式

旦角作望式，不许直望，头必须稍低，脸稍偏，将眼皮一抬即可。望时，以一手撩袖，高举过头；另一手按在同侧腰间，稍往后偏，手背朝里，腰要稍稍弯曲扭动；同时必须踏步，如举右手则踏右脚，举左手便踏左脚。

指式

旦角手势中的指法，在不同剧目不同剧情中的具体运用可谓变化多端。现在只举一种如下，比如：用右手往左指之式，须先将右手提于胸际，手心向下，由左往上一绕，约与鼻齐，再往右绕去，身体约一尺远，然后再往左方算指定。指定之手，约在腰际之左，眼神亦须遂手而转。如果是旦脚，则踏步亦与指合拍。手指为什么必须如此一绕呢？一为曲线美观，二为交代锣鼓，三为避免写实。

思式

旦角作思考状，如着装带水袖，头要稍低稍歪，一手中指轻轻按在同侧鬓间，肘部须紧靠腰部；另一手轻托按鬓手臂的肘部；眼皮稍微上翻；两腿紧靠。着装不带水袖，则按鬓手臂的肘部可稍往外张；另一手的手背按于腰间，肘部也要外张；腰要向按鬓手臂一侧稍弯；按腰手臂一侧的腿要稍稍弯曲，另一脚要踏步。

羞式

旦角作害羞的姿势，如着装带水袖，即往一边垂直扭头，以一水袖作遮面状，但举袖胳膊不许横；另一手则按于腰间；两腿也应紧靠。如无水袖，则遮羞的胳膊要横，另一手可背在腰后。

托物式

旦角若穿带水袖的服装托物，如托茶盘、香盘等等，一般用左手，以大拇指按盘边，小拇指微翘，用其余三指托盘底，中指尤其要用力，手腕须往后翻，使盘子距离脸部一尺多，盘中物品的顶部大约与额持平；右手按于腰部左边，但须稍微靠下，因左手已横，故右手要直。若穿无水袖的服装，右手可叉于腰间，手心须朝外；而托盘之手须稍微靠前；身体往前倾，下颏约与左手腕成一平行线。站立时也须踏步。

提物式

旦角若穿带水袖的服装提物，如提篮子、包裹等，向来多用左手。手式的远近前后，与“托物式”大致相同，但须较低；以左手中指提起蓝梁中段，大拇指指尖稍按之，手高约与胸齐；右手亦按于腹部偏左，仍须稍微靠下；身体稍往前倾；一脚可稍往前，以便另一脚的脚跟将裙子支起。如穿无水袖的服装，则右手可叉于腰间，肘部稍向外张，而提篮的手却要稍微合拢，以形成两臂一直一横的姿式。

搬物式

旦角在戏中搬物的品类并不多，只搬椅子数种而已。搬时椅子须向外偏，将身体的正面让出，椅面约与腰部持平或稍高，切不可太低，尤其不能从身体正面搬出。

抱物式

旦角抱物大约分两种。一是单抱，如抱令箭或刀枪等物。二是双抱或称“捧”，如抱食盒、妆盒等。单抱都用左手，握住刀枪的柄头，手心由里往后再往外翻转，将指节按于腰间，肩膀须圆；右手如持鞭则须高举过头顶，鞭头微斜而不要太直，或将鞭平举于身前而高与胸齐。

捧物式

旦角双抱称为捧，双手捧物时也须将该物放在腰部的左边，左手拿住物体的左边，右手拿住物体的右边，将身体前面全部让出；身子往前稍倾并稍往左歪，以显示所捧之物颇有重量。戏中的丫环常有这个动作。

手势、眼神

京剧旦角表演中的手势主要体现在指型上，各类指型因多像兰花，故统称为“兰花指”。剧中人物在表演中有喜怒哀乐等复杂表情，以体现人物思想性格的外在表象，这是京剧艺术构成的重要方面。同时，通过变化多端的手势同样也可以把这种复杂的内心情感和思绪表达出来。这种在具体情节中灵活运用的手势也是一种艺术化的形体“语言”。手势这种“语言”极其丰富，在表达事物方面有时连快捷的口头言语都比不过它。梅兰芳非常懂得这个道理，特别注重手势的表现力，并在这方面做出了很大的改革和贡献。过去前辈青衣旦角的表演，为示庄重，很少露出手来。后来王瑶卿先生在这方面有所突破。梅兰芳承继成果，进一步大胆革新，根据各类剧情深入研究手势的表演艺术。他一生发展和创造了许多优美的手势，都是结合剧中人物的思想情感有目的地设计出来的。他创造的手势变化多端，却无不蕴藏着深刻的涵义，不仅赢得国内艺术界的好评，而且也受到国际艺坛的高度重视和赞赏。苏联戏剧家斯坦尼斯拉夫斯基在谈到梅兰芳先生的手势表演艺术时赞叹不已，说梅兰芳的手不仅对他有很大的引诱力，而且苏联很多著名艺术家也都非常喜欢这双非凡的手。梅兰芳1930年访美演出时，美国戏剧评论家们也对他在剧中的手势津津乐道，惊呼这是“醉人的美”。当时美国有位专门研究人手美的美术家，拍摄了梅兰芳很多手势的照片；还有一位雕塑家依样用石膏翻塑了梅兰芳各种手势的模型，后又用大理石雕塑了这些手势供人欣赏。

梅兰芳创造的多姿多彩、赏心悦目的优美手势，绝非天然成就，而是经过长期的观察体味和艰苦磨练，在舞台上不断实践与革新的结果。当年齐如山先生记录梅兰芳的手势造型达五十余种；并逐一拍摄了照片，附以各手势用于哪些剧目的简要说明。以下列出梅兰芳部分手势的照图。

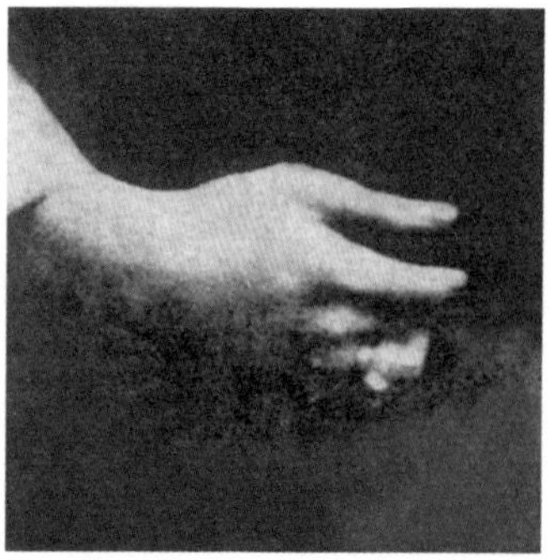

握蒂：持朝珠佛头式。《探母》公主恒用之。

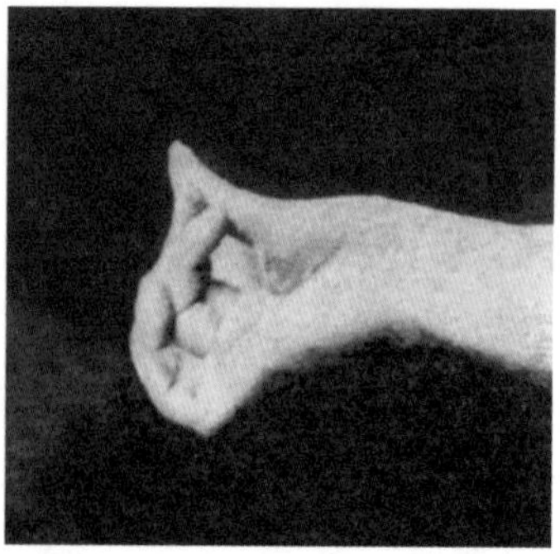

避风：手屈一指式。《虹霓关》东方氏赞美王伯党时，即用之。

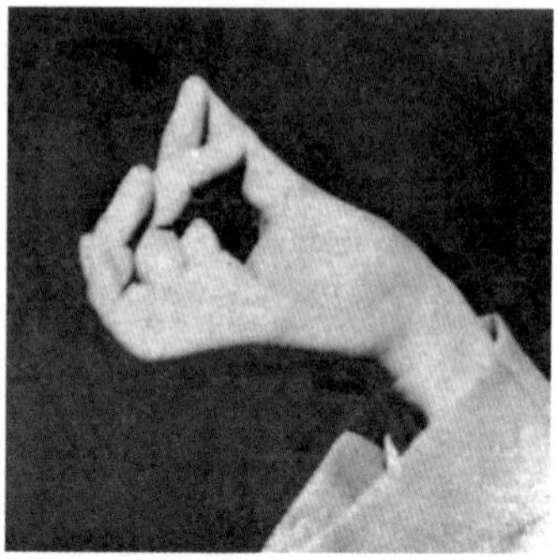

初纂：持针线式。《俊袭人》中袭人做女红时，即有此式。

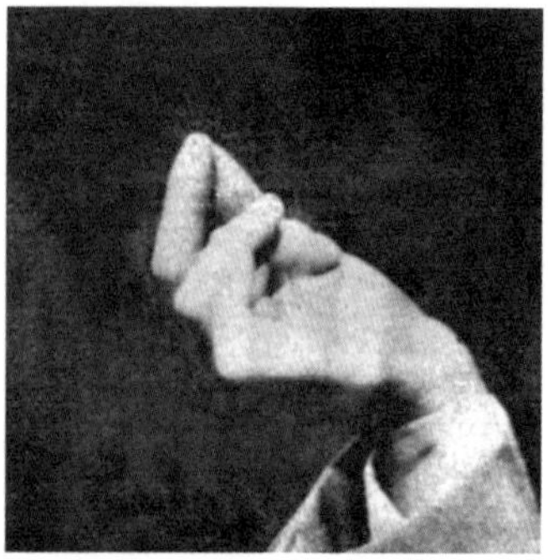

含苞：持信式。《御碑亭》孟月华看休书时，即有此式。

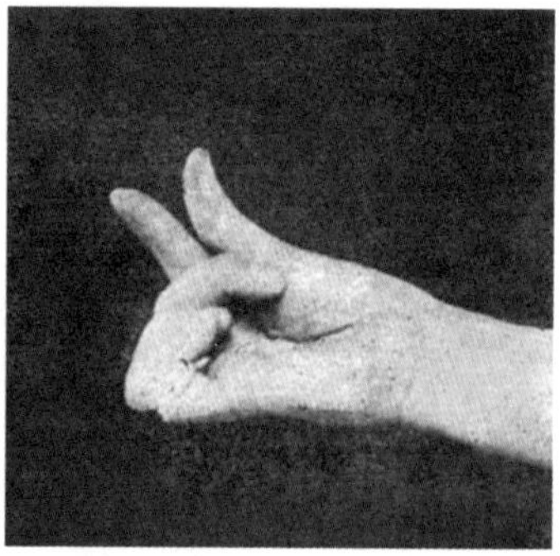

吐蕊：持细物式。《汾河湾》柳迎春持金印时，即系此式。

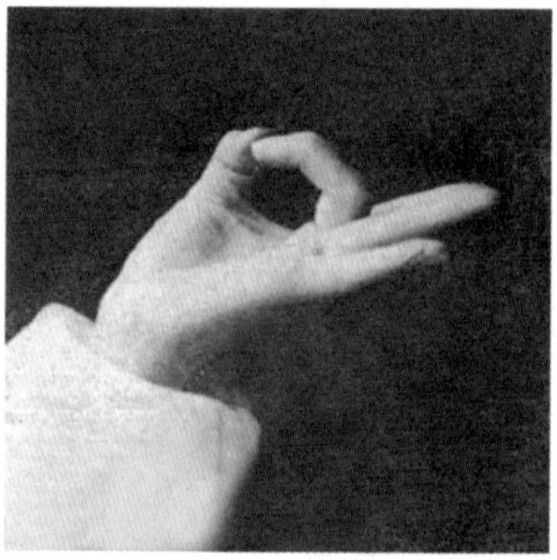

泛波：弹泪式。弹泪或弹汗皆用之。《断桥》白氏便有此式。

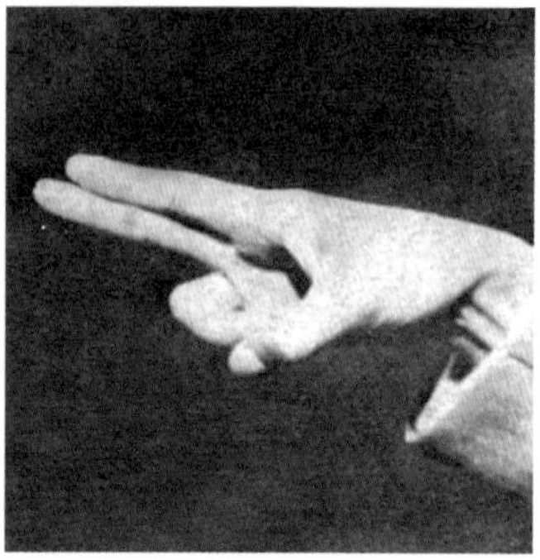

怒发：剑诀式。舞剑时用之。

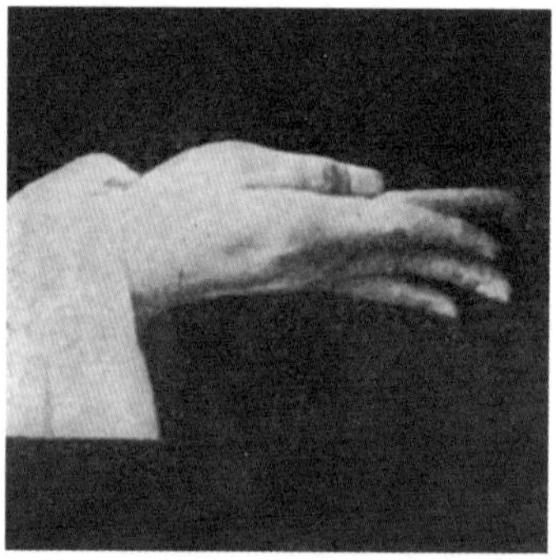

蝶恣：自指式。通名时用之，如《汾河湾》柳迎春说："奴柳迎春"时，即用之。

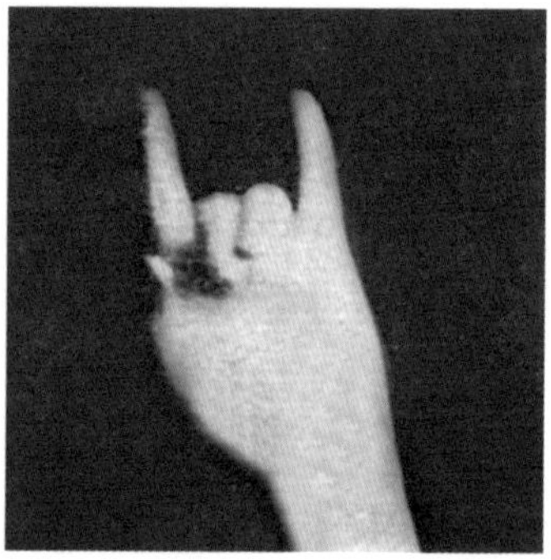

双翘：小惊式。《别姬》虞姬闻楚歌后，即有此式。

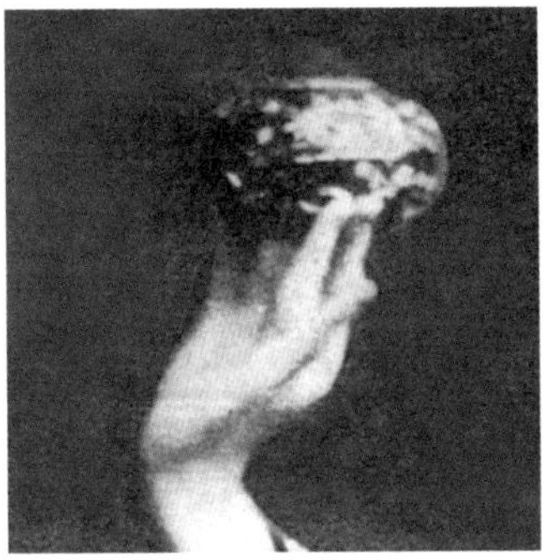

掬云：持盒式。《红线盗盒》盒到手后，即系此式。

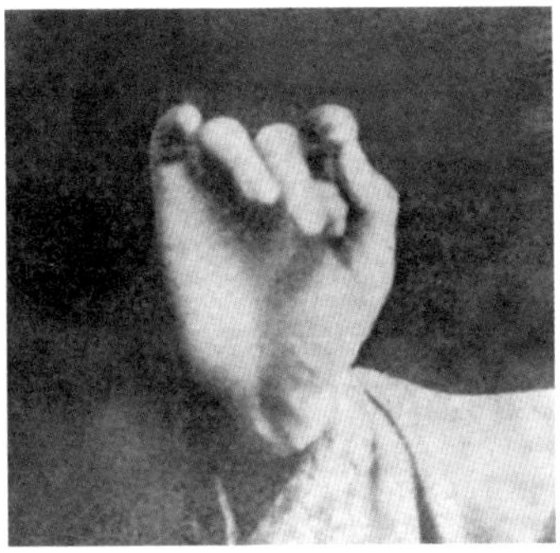

翻莲：大惊式。《别姬》虞姬闻楚歌时，即有此式。

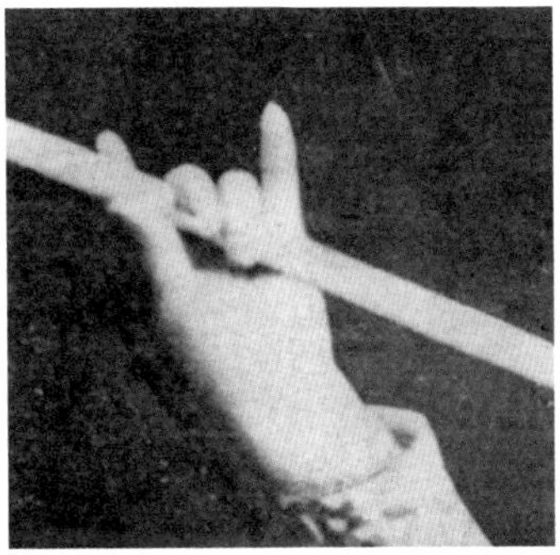

握芾：持双枪式。《虹霓关》东方氏有之。

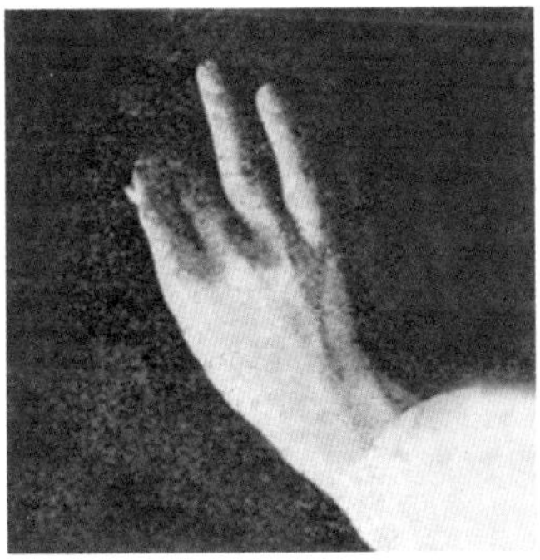

滴露：持扇式。《贵妃醉酒》有之。

弄姿：托盘式。《盗盒》红线托茶上场，即系此式。

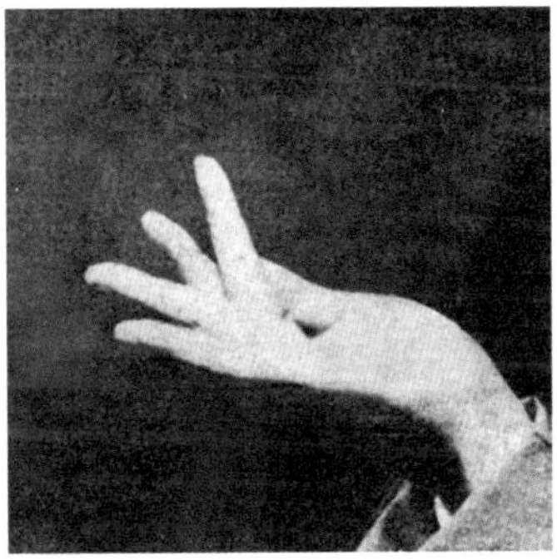

舒瓣：外摊手式。《采桑》唱至“正艳阳”时，即用此。

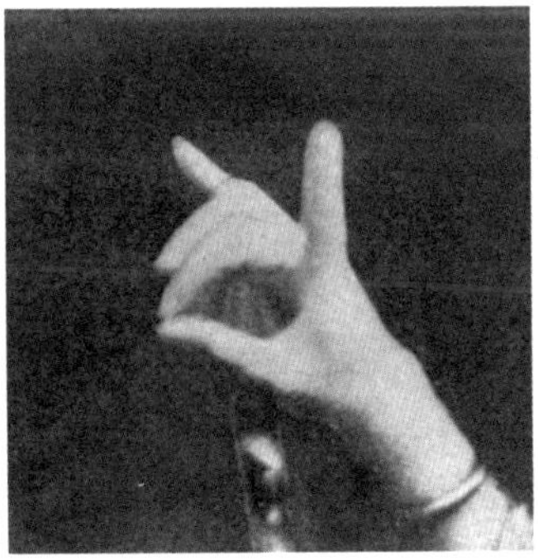

拂云：提物兼指式。《盗盒》红线即有此式。

媚箑：展扇式。《西施》末场有之。

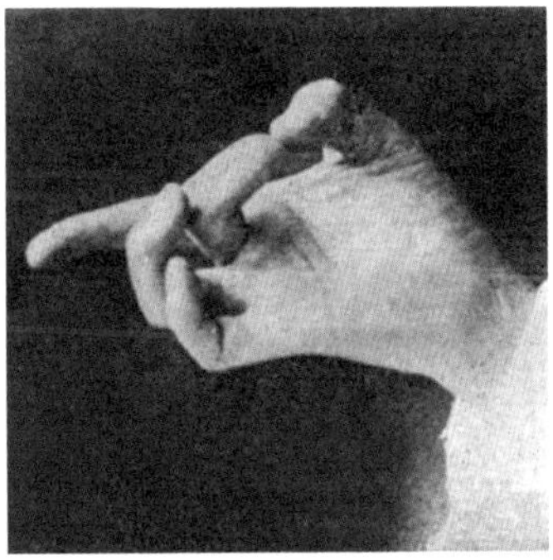

映日：远指式。《武家坡》王宝钏说：“又道是远”一句时，即用此式。

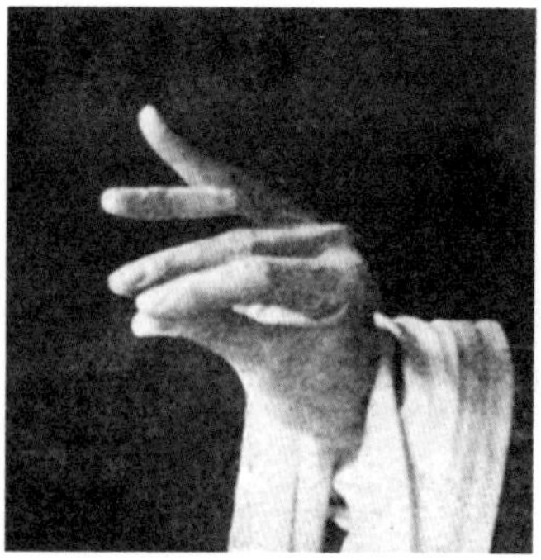

陨霜：倒持扇式。《贵妃醉酒》中有之。

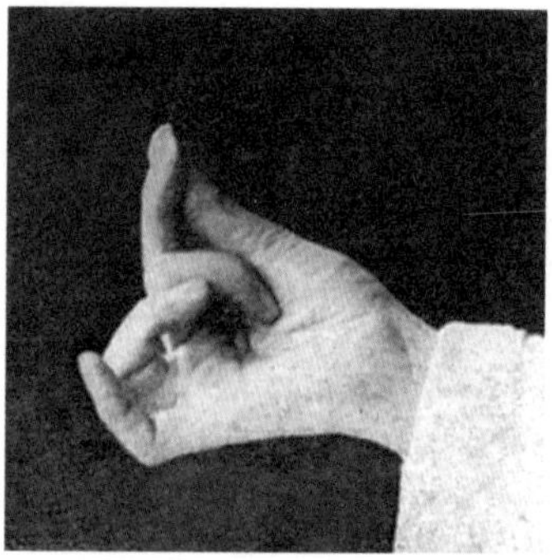

含香：手屈一指式。《虹霓关》东方氏赞美王伯党时，即用之。

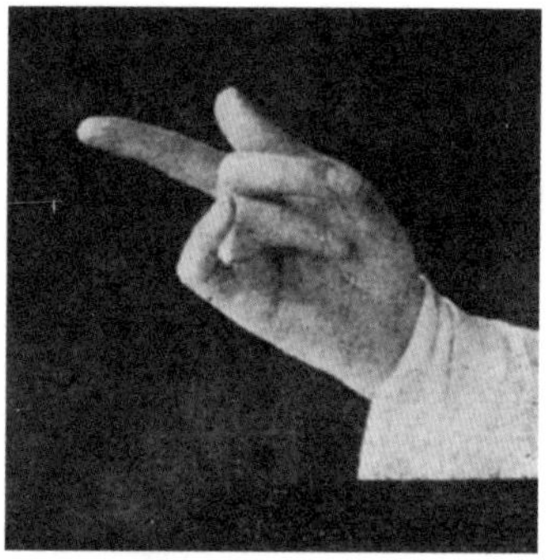

伸萼：持马鞭式。《虹霓关》东方氏恒有之。

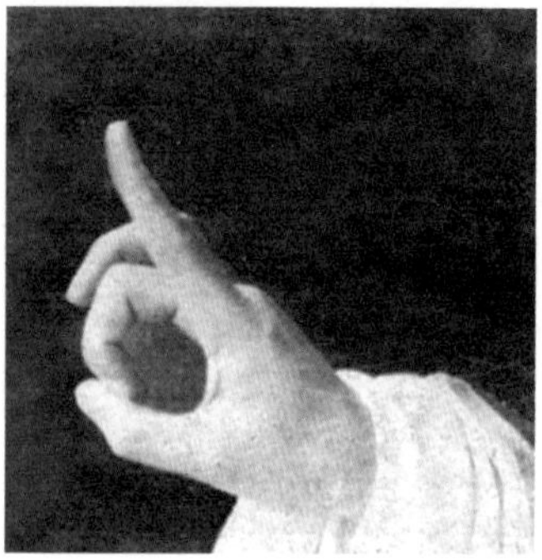

迎风：虚指式。《宇宙锋》赵女说："我要上天"时，即用此。

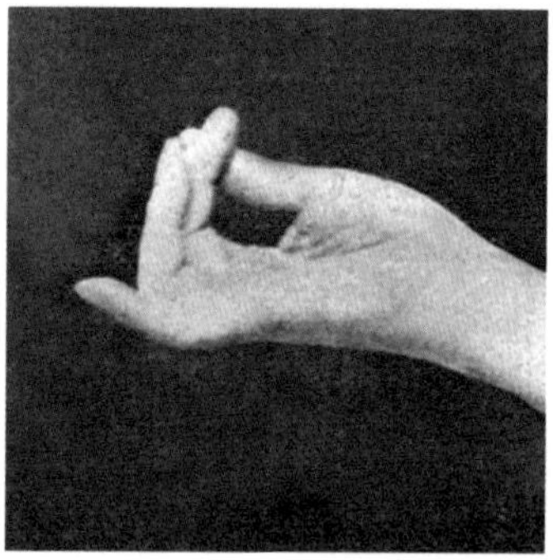

醉红：提篮式。《采桑》罗敷女用之。

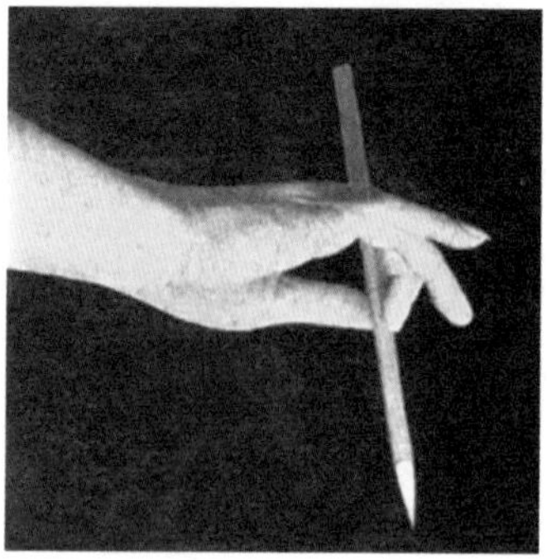

蝶损：持笔式。《偷诗》陈妙常写词时用之。

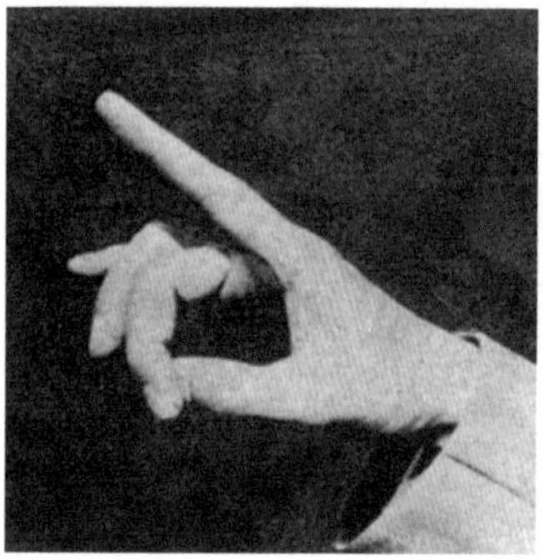

雨润：气指式。《武家坡》王宝钏骂："狠心的强盗"时，即用之。

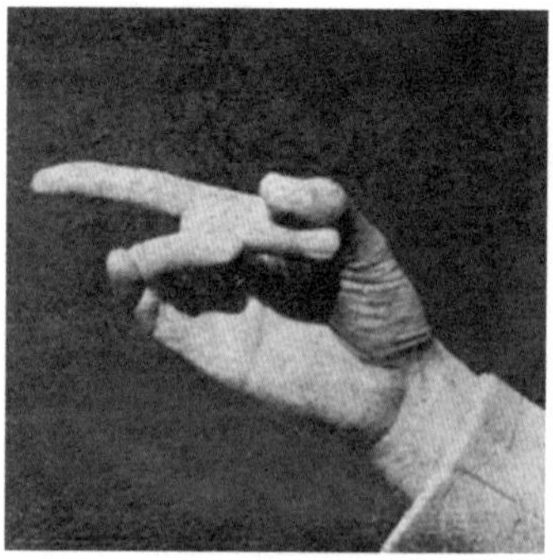

护蕊：外指式。《游园》杜丽娘唱："荼蘼外烟丝醉软"时，即用此式。

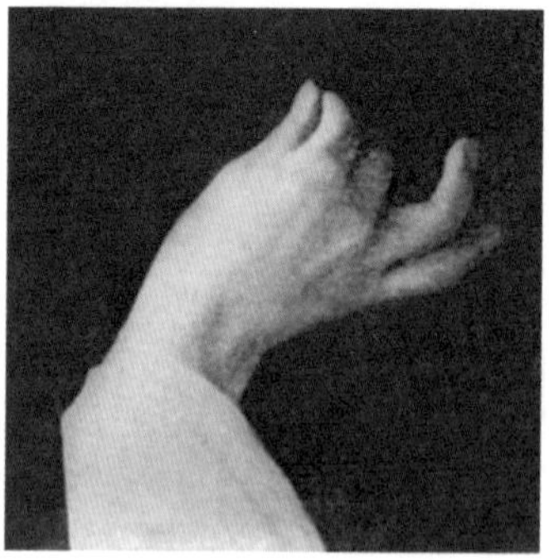

映水：持花式。《天女散花》云台上即有之。